新学習指導要領対応

小学校音楽

イチ押し 授業モデル

高学年

指導案形式で
分かりやすい！

授業展開から
評価まで
ていねいな解説！

授業づくりの
アイデアが
たくさん！

今村行道・津田正之 編著

明治図書

JN040201

はじめに

　令和の教育の道標となる，新学習指導要領（平成29年告示）が，令和２年度から全面実施となりました。教科書が新しくなり，学習評価に関する参考資料も公刊されました。新しい時代の音楽科教育に，今，大きな関心と期待が集まっています。

　そのような状況を踏まえ，新学習指導要領の趣旨を踏まえた音楽の授業を担う全国の先生方のお役に立てることを願い，本書『新学習指導要領対応　小学校音楽イチ押し授業モデル』（低・中・高学年　全３巻）を編みました。

　１章では，新学習指導要領でつくる，これからの音楽授業について理解を深めていただくことを目的に，下記の点について編者の今村と津田で解説しました。
・新学習指導要領の目標や内容，育成する資質・能力，学習評価の趣旨
・趣旨を踏まえた授業構成のポイント
・高学年の目標や，発達段階を踏まえた学習活動（歌唱，器楽，音楽づくり，鑑賞）の特徴
・高学年の題材・教材一覧と，発達段階を踏まえた教材（歌唱，器楽，鑑賞）の特徴
・年間指導計画作成のポイント

　２章では，新学習指導要領の趣旨を踏まえた，高学年の音楽の授業モデルとなる20の題材モデル（実践事例）を紹介しました。歌唱，器楽，音楽づくり，鑑賞の活動を中心とした実践事例が，それぞれ５本ずつ掲載されています。各題材の内容などに応じた学習指導案の作成方法や，それぞれの実践における授業づくりのポイントなどについて，一般的な学習指導案の書式を通して，分かりやすく示すようにしました。

　本書が，全国の熱意ある先生方のお役に立つことができましたら，この上ない喜びです。

　題材モデルの執筆を担当してくださったのは，編者がこれまで各種研究会でご縁をいただいた横浜，千葉，埼玉などの先生方です。新学習指導要領の趣旨をよくご理解いただき，趣旨を踏まえた優れた実践事例をご提供いただきました。また，本書の編集を担当してくださった明治図書の木村悠さんは，遅筆の編者を叱咤激励しつつ，迅速かつていねいに編集作業を進めてくださいました。本書の刊行にご尽力いただいた全ての皆様に，厚く御礼を申し上げます。

2020年10月

今村　行道，津田　正之

もくじ

♪ 鑑賞

1章
新学習指導要領でつくる！これからの音楽授業

1990（平成2年）：57.6%　⇨　2015（平成27年）：71.5%

　この数値は，好きな教科の調査で「音楽が好き（とても好き＋好き）」と回答した児童（第5学年）の割合の変化です[1]。25年間で「音楽が好き」という児童の割合が13.9%増加しています。

　平成は「児童主体の授業づくり」を進めてきた時代でした。数値の変化は，**これまで全国の先生方が学習指導要領の趣旨を踏まえ，意欲的に授業改善を図ってきた成果の一端を表している**と言えるでしょう。

　令和の時代は，これまでの授業改善の成果をしっかりと受け継ぎ，音楽の授業がさらに充実することが期待されます。1章では，新学習指導要領の趣旨と，その趣旨を踏まえた授業づくりについて解説します。

1 新学習指導要領―目標や内容，学習評価の示し方の変化―

❶ 目標の示し方

新学習指導要領では，教科の目標は次のように示されています。

　<u>表現及び鑑賞の活動を通して</u>，音楽的な見方・考え方を働かせ，<u>生活や社会の中の音や音楽と豊かに関わる資質・能力</u>を次のとおり育成することを目指す。　　　　※下線，二重線，−〔 〕引用者

　(1) 曲想と音楽の構造などとの関わりについて理解するとともに，表したい音楽表現をするために
　　　必要な技能を身に付けるようにする。　　　　　　　　　　　　　　　−〔知識及び技能〕

　(2) 音楽表現を工夫することや，音楽を味わって聴くことができるようにする。
　　　　　　　　　　　　　　　　　　　　　　　　　　　−〔思考力，判断力，表現力等〕

　(3) 音楽活動の楽しさを体験することを通して，音楽を愛好する心情と音楽に対する感性を育むと
　　　ともに，音楽に親しむ態度を養い，豊かな情操を培う。　　−〔学びに向かう力，人間性等〕

　冒頭では，次のことが示されています。

　音楽科は，「<u>生活や社会の中の音や音楽と豊かに関わる資質・能力</u>」の育成を目指す教科であること〔**目的**〕，資質・能力の育成に当たっては，「<u>表現及び鑑賞の活動を通して</u>」「<u>音楽的な見方・考え方を働かせ</u>」て学習に取り組めるようにする必要があること〔**方法**〕。

　「音楽的な見方・考え方」とは「音楽科の特質に応じた，物事を捉える視点や考え方」であ

---

[1] ベネッセ教育情報サイト「25年間で子どもの好きな教科はどう変わった？」ベネッセ教育総合研究所が実施した好きな教科・活動の調査　https://benesse.jp/kyouiku/201706/20170607-2.html

り，「音楽に対する感性を働かせ，音や音楽を，音楽を形づくっている要素とその働きの視点で捉え，自己のイメージや感情，生活や文化などと関連付けること」とされています。資質・能力を育成するために働かせる「学びのエンジン」の役割を担っています。

「生活や社会の中の音や音楽と豊かに関わる資質・能力」とは，(1)，(2)，(3) を指し，(1)「知識及び技能」の習得，(2)「思考力，判断力，表現力等」の育成，(3)「学びに向かう力，人間性等」の涵養に関する目標で構成されています。新学習指導要領では，全ての教科等の目標や内容が，この「三つの柱」で再整理されました。下記は，従前の教科の目標の文言が，新しい目標でどのように位置付けられたのかを示したものです。

従前（平成10，20年改訂）の目標	新しい目標（平成29年改訂）での位置付け
・表現及び鑑賞の活動を通して，	▶ 目標の文頭（柱書）に位置付けている。
・音楽を愛好する心情と音楽に対する感性を育てるとともに，	▶ (3)（「学びに向かう力，人間性等」の涵養に関する目標）として位置付けている。
・音楽活動の基礎的な能力を培い，	▶ (1)（「知識及び技能」の習得に関する目標）及び (2)（「思考力，判断力，表現力等」の育成に関する目標）として位置付けている。
・豊かな情操を養う。	

❷ 内容の示し方

下表は，新学習指導要領の内容構成を，目標，学習評価との関係を含めて示したものです。

育成する資質・能力			知識及び技能	思考力，判断力，表現力等	学びに向かう力，人間性等
教科の目標			(1)	(2)	(3)
学年の目標			(1)	(2)	(3)
内容	A表現	(1)歌唱	イ	ウ(ア)(イ)(ウ)	ア	学びに向かう力，人間性等は，内容の学習を通し育成されるものである。
		(2)器楽	イ(ア)(イ)	ウ(ア)(イ)(ウ)	ア	
		(3)音楽づくり	イ(ア)(イ)	ウ(ア)(イ)	ア(ア)(イ)	
	B鑑賞　(1)鑑賞		イ	－	ア	
	〔共通事項〕(1)		イ	－	ア	
観点別学習状況の評価の観点			知識・技能	思考・判断・表現	主体的に学習に取り組む態度	

内容の示し方の変更点は，「A表現」，「B鑑賞」及び〔共通事項〕(1) の内容が，ア「思考力，判断力，表現力等」，イ「知識」，ウ「技能」に再整理されたことです。

下記は，従前の内容の一例です。一つの事項に対して，複数の資質・能力が一体的に表記されていることがありました。高学年の (1) 歌唱の事項イです。

(1) 歌唱イ：歌詞の内容，曲想を生かした表現を工夫し，思いや意図をもって 歌うこと。
〔知識〕　　　　　　　　〔思考力，判断力，表現力等〕　〔技能〕　　※下線〔 〕等引用者

一方，下記は，新学習指導要領の内容の一例です。高学年（1）歌唱の事項ア，イ，ウです。

A 表 現　　　　　　　　　　　　　　　　　　　　　　　※下線，－〔 〕引用者

（1）歌唱の活動を通して，次の事項を身に付けることができるよう指導する。

　　ア　歌唱表現についての<u>知識や技能を得たり生かしたり</u>しながら，曲の特徴にふさわしい表現を工
　　　　夫し，どのように歌うかについて思いや意図をもつこと。－〔**思考力，判断力，表現力等**〕

　　イ　曲想と音楽の構造や歌詞の内容との関わりについて理解すること。－〔**知識**〕

　　ウ　思いや意図に合った表現をするために必要な次の(ｱ)から(ｳ)までの技能を身に付けること。

　　　　(ｱ)　範唱を聴いたり，ハ長調及びイ短調の楽譜を見たりして歌う技能

　　　　(ｲ)　呼吸及び発音の仕方に気を付けて，自然で無理のない，響きのある歌い方で歌う技能

　　　　(ｳ)　各声部の歌声や全体の響き，伴奏を聴いて，声を合わせて歌う技能　－〔**技能**〕

新学習指導要領では，資質・能力別に再整理され，**指導内容が一層明確**になっています。

2　新学習指導要領で育成する資質・能力

❶「知識」の内容─感じ取り，理解したものと捉える

　音楽を形づくっている要素の働きなどについて理解し，表現や鑑賞などに生かすことができる知識，学習の過程において，**音楽に対する感性を働かせて感じ取り，理解した知識**として位置付けられています。単に作曲者，記号や用語等の名称を覚えることだけではありません。

❷「技能」の内容─「思考力，判断力，表現力等」との関連を図る

　ウの冒頭に「思いや意図に合った表現をするために必要な」と示されているように，**表したい思いや意図と関わらせて習得できるようにすべき内容**として位置付けられています。

❸「思考力，判断力，表現力等」の内容─「知識」や「技能」との関連を図る

　表現及び鑑賞の事項アの冒頭に<u>「知識（や技能）を得たり生かしたり」</u>と示されているように，**知識や技能の習得・活用と関わらせて育成する内容**として位置付けられています。

　〔共通事項〕（1）アについては，従前の内容に**「聴き取ったことと感じ取ったこととの関わりについて考えること」**が加えられ，「思考力，判断力，表現力等」に関する内容として明記されました。聴き取ったことと感じ取ったことのそれぞれを自覚し，確認しながら結び付けていくという思考を働かせることが，曲想と音楽の構造との関わりについて理解したり，音楽表現を工夫したり，曲や演奏のよさなどを見いだしたりするために重要となります。

❹「学びに向かう力，人間性等」―主体的・協働的な学びを重視する

　教科の目標には，主体的，創造的に音楽活動に取り組む楽しさを実感しながら，**音楽を愛好する心情，音楽に対する感性，音楽に親しむ態度，豊かな情操**を培うことが明記されています。また，学年の目標には，児童が**自ら音楽に関わり，協働して音楽活動をする楽しさ**を感じたり味わったりしながら，**様々な音楽に親しむこと**，音楽の授業で得た**音楽経験**を生かして生活を**明るく潤いのあるものにしようとする態度**を育てることが，全学年共通に明記されています。

3　新しい学習評価

❶ 新しい評価の観点とその趣旨

　平成29年の改訂を踏まえた新しい学習評価は，「**知識・技能**」，「**思考・判断・表現**」，「**主体的に学習に取り組む態度**」の三観点に整理されました。新しい「評価の観点とその趣旨」(2019)[2]は下記の通りです。**教科及び学年の目標，内容と整合する**ように示されています。

知識・技能	思考・判断・表現	主体的に学習に取り組む態度
・曲想と音楽の構造との関わりについて理解している。【知識】 ・表したい音楽表現をするために必要な技能を身に付け，歌ったり，演奏したり，音楽をつくったりしている。【技能】	音楽を形づくっている要素を聴き取り，それらの働きが生み出すよさや面白さ，美しさを感じ取りながら，聴き取ったことと感じ取ったこととの関わりについて考え，どのように表すかについて思いや意図をもったり，曲や演奏のよさなどを見いだし，音楽を味わって聴いたりしている。	音や音楽に親しむことができるよう，音楽活動を楽しみながら主体的・協働的に表現及び鑑賞の学習活動に取り組もうとしている。 ※【 】，下線：引用者

❷「知識・技能」及び「思考・判断・表現」

　「知識」と「技能」は，内容の表記（イ知識，ウ技能）に合わせて別々に示されています。「思考・判断・表現」については，〔共通事項〕(1) ア（下線）と，「A表現」（歌唱，器楽，音楽づくり）ア（二重線），「B鑑賞」ア（波線）について示されています。

　目標や内容と観点の趣旨との違いは，文末を「**理解している**」「**歌っている**」「**もっている**」「**取り組もうとしている**」のように，**学習状況を見取る趣旨を明確にしている点**です。

❸「主体的に学習に取り組む態度」

　「主体的に学習に取り組む態度」は，教科及び学年の目標の (3)「学びに向かう力，人間性等」のうち，「**観点別学習状況の評価を通じて見取ることができる部分**」に対応します。感性，

2　文部科学省「小学校，中学校，高等学校及び特別支援学校等における児童生徒の学習評価及び指導要録の改善等について（通知）」（平成31年3月，文科初第1845号初等中等教育局長通知）。

情操，生活を明るく潤いのあるものにしようとする態度などは，個人内評価を通じて見取る部分となります。本観点では，「知識や技能を獲得したり，思考力，判断力，表現力等を身に付けたりすることに向けた粘り強い取組を行おうとしている側面」，「粘り強い取組を行う中で，自らの学習を調整しようとする側面」の二つを評価することが求められます。

　なお，学習評価の詳細については，「『指導と評価の一体化』のための学習評価に関する参考資料（小学校音楽）」（国立教育政策研究所，2020，東洋館出版社）をご参照ください。

4　授業（題材）構成のポイント

　一連の授業を構成する実質的な単位が「題材」です。ここでは，新しい目標，内容，学習評価を踏まえて，どのように授業（題材）を構成するのか，そのポイントを解説します。

❶　一題材を構成する内容の単位

　各題材の内容は，歌唱，器楽，音楽づくり，鑑賞の活動ベースで構成します。

　各題材に盛り込むべき内容は，次のA（1），A（2），A（3），B（1）のまとまりを基本とします。A（1），A（2），A（3），B（1）に

> A（1）：歌唱（ア，イ，ウ）及び〔共通事項〕（1）ア
> A（2）：器楽（ア，イ，ウ）及び〔共通事項〕（1）ア
> A（3）：音楽づくり（ア，イ，ウ）及び〔共通事項〕（1）ア
> B（1）：鑑賞（ア，イ）及び〔共通事項〕（1）ア

おいて，ア「思考力，判断力，表現力等」，イ「知識」，ウ「技能」の事項を互いに関連付けながら全て扱うこと〔(ア)(イ)(ウ)については一つ以上〕，各活動の事項と〔共通事項〕（1）アとの関連を十分に図ることが必須の要件です。〔共通事項〕の扱いについては，思考・判断のよりどころとなる主な「音楽を形づくっている要素」を明確にしておくことが必要です。

　また，（3）音楽づくりは，「音遊びや即興的な表現の活動」〔ア，イ，ウの各事項の(ア)〕と，「音を音楽へと構成する活動」〔ア，イ，ウの各事項の(イ)〕の二つの活動からなります。音楽づくりの題材では，何らかの形で両方の活動が含まれるものですが，育成する資質・能力を明確にする観点から，学習として位置付ける内容を，(ア)の内容のまとまりとするか，(イ)の内容のまとまりとするか，(ア)と(イ)の両方の内容のまとまりとするか，を明確にして題材を構成することが大切です。

　さらに，A（1），A（2），A（3），B（1）を一つの単位とした上で，表現及び鑑賞の各活動の学習が充実するように，適宜，「音楽づくり」と「鑑賞」のように，**領域や分野の関連を図った題材構成を工夫する**ことも必要です。その際，祭り囃子の音楽の鑑賞を充実するために，実際に和太鼓を打ったり，音楽づくりの活動を充実するために，曲の一部を聴かせたりすることがあります。このような場合は，器楽や鑑賞の事項の学習としては扱いません。

❷ 題材の目標及び評価規準の示し方

　題材の目標は，学年の目標と扱う事項を基に設定します。学年の目標に準じて，(1)「知識及び技能」の習得，(2)「思考力，判断力，表現力等」の育成，(3)「学びに向かう力，人間性等」の涵養の「三つの柱」で設定する方法が分かりやすいでしょう。(1) や (2) の文言は，基本的に扱う事項の文言を用いて，**教材曲を記入する**，思考・判断のよりどころとなる主な「**音楽を形づくっている要素**」の具体を記入する，などして題材の内容に合うように調整します。

　評価の観点は，必然的に目標に準じたものになりますが，(3) の評価については「**主体的に学習に取り組む態度**」として評価します。その際「**題材の目標や評価規準の設定**」においては，次のような示し方を基本にするとよいでしょう。[] 部分は題材の内容に即して記入します。

　[その題材の学習に粘り強く取り組んだり，自らの学習を調整しようとする意思をもったりできるようにするために必要となる，取り扱う教材曲の特徴や学習内容など，興味・関心をもたせたい事柄]に興味・関心をもち，音楽活動を楽しみながら主体的・協働的に[該当する学習活動，歌唱，器楽，音楽づくり，鑑賞から選択]の学習活動に取り組み，[題材の学習を通して親しみをもてるようにしたい事柄]に親しむ。※評価規準では下線部をカットし，前の文の文末を「取り組もうとしている」に調整。

❸ 指導と評価の計画─指導と評価の一体化を図る

　指導と評価を充実するためには，指導過程においてそれぞれの資質・能力に関する内容を相互に関わらせながら，どの場面でどのように育成しどのように見取るのか，を明確にすることが必要です。評価の計画では，児童の学習状況を把握し，学習の改善に向けて教師がていねいに働きかける「**指導に生かす評価**」の場面を，「**矢印（↓）**」を付けて表しています。特に「主体的に学習に取り組む態度」の指導と評価では，この点が重要になります。その上で，全員の学習状況を記録に残す「**記録に残す評価**」の場面を，「**知**」「**技**」「**思**」「**態**」などの略語で表しています。

　また，評価の方法には，「**学習状況の観察**」，「**演奏表現**」，「**発言**」，「**学習カード・ワークシート**」などがあります。各評価規準に照らして適切な方法を選択します。

❹ 資質・能力が身に付いている児童の姿の想定

　指導と評価を充実するためには，**資質・能力が身に付いている児童の姿を具体的に想定する**ことが大事です。学習指導要領解説には，具体的なイメージが掲載されています。

【曲想及びその変化と，音楽の構造との関わりについて理解している姿】　高学年：鑑賞イ
・ゆったりとしておだやかな感じから，動きのあるにぎやかな感じに変わったのは，尺八が旋律で箏が伴奏をしているような音楽が，真ん中では箏と尺八が呼びかけてこたえているような音楽になっているから。

【どのように歌うかについて<u>思いや意図をもっている姿</u>】 中学年：歌唱ア

・<u>２羽の鳥が呼びかけ合いながら遠ざかっていく感じが伝わるように</u>，強く，やや弱く，やや強く，弱く歌おう。

　題材（教材曲，学習活動）の特質に応じて資質・能力が身に付いている児童の姿を想定することが，指導と評価の一体化と，教師による児童の働きかけの質を高めていきます。そのためには，**具体的な指導法も含めた教材研究**を深めることが重要です。

❺ 「主体的・対話的で深い学び」の視点からの授業改善

　資質・能力を育成するために，「主体的な学び」「対話的な学び」「深い学び」の視点から授業改善を図ることが指導計画作成上のポイントとして強調されています。本書で紹介する事例も，これらの視点を生かして提案されています。要点を列挙しましょう。

・「主体的な学び」：学習の見通しをもてるようにすること，**学んだことを振り返り，自己の学びや変容を自覚し，次の学びにつなげていけるようにする**ことが大切です。

・「対話的な学び」：友達との対話，教師との対話，作品との対話，地域の方との対話，つくり手（作詞，作曲者）との対話など，**多様な他者との対話を通して，自分の考えなどを広げたり深めたりできるようにする**ことが大切です。

・「深い学び」：題材の学習過程において「音楽的な見方・考え方」を働かせることができるようにすることが大切です。具体的には，音楽的な見方・考え方を働かせた学びを通して，知識を相互に関連付けて理解を深めている姿，知識や技能の習得・活用との関連を十分に図りながら音楽表現の思いや意図を高めている姿など，**学びが深まっている児童の姿を描き，その姿の実現に向けて効果的な指導の手立てを工夫する**ことが求められます。

❻ ICT の活用

　ICT の活用はこれからの音楽科教育の**必須のアイテム**です。五つのポイントを紹介します。

【学習指導の準備と評価のための教師による ICT 活用】

　まず，教師が**授業で使う教材や資料を収集する**ために，インターネット等を活用することができます。次に，授業に必要な**掲示資料を作成する**ために，プレゼンテーションソフトなどを活用することができます。また，児童の**学習評価を適切に行う**ために，児童の演奏等を IC レコーダー等で記録し，学習評価資料を集積することができます。

【授業での教師による ICT 活用】

　授業の導入部分における ICT 活用は，**学習内容への興味・関心を高める有効な手段**です。和楽器などの演奏の様子を，教科書会社等発信のデジタルコンテンツなどで視聴させることで，児童が演奏方法や姿勢などについて学習する際に，実際の演奏への意欲付けを行うことができ

ます。

　また，改善点や工夫点などの学習課題を明確に把握できるようにするために，**児童が歌ったり，楽器を演奏したりしている様子をタブレットなどで撮影する**といった活用も考えられます。

【児童による ICT 活用】

　児童が ICT を活用する際は，**発達の段階を考慮する**ことが大切です。特に低学年では，基本的な操作の習得や体験活動を通して機器に慣れ，**段階的に ICT に触れる機会を増やしてい**き，授業内で**児童が活用していく方法を探っていく**ことが重要です。

　具体的には，次のようなことが考えられます。

・教材曲や作曲者，作詞者などの情報を，インターネットなどを活用して収集すること。

・友達と協力して音楽制作用ソフトやアプリ等を活用し，音の長さや高さの組合せ，フレーズの重ね方を，視覚と聴覚で確認しながら試行錯誤し，リズムや旋律をつくること。

・自分たちの演奏を，IC レコーダーやタブレットなどを活用して録音・録画し記録することで，演奏のよさや課題に自ら気付くようにすること。

【プログラミング教育における ICT 活用】

　音楽科におけるプログラミング教育については，文部科学省『**プログラミング教育の手引**』第三版（2020）〈同省ホームページ参照〉に，「**B－①　様々なリズム・パターンを組み合わせて音楽をつくることを，プログラミングを通して学習する場面（第3学年～第6学年）**」が例示され，ここで ICT の活用が想定されています。本活動のよさとして，児童の器楽の技能や読譜などの能力に大きく左右されずに活動できるため，無理なく音楽づくりの活動に取り組めることが挙げられています。

【GIGA スクール構想を想定した ICT 活用】

　GIGA（Global and Innovation Gateway for All）スクール構想とは，文部科学省による「**1人1台端末及び高速大容量の通信ネットワークを一体的に整備する方針**」です。令和元年度の補正予算に組み込まれ，令和の時代のスタンダードな学校像として，全国一律の ICT 環境整備が急務であることが，文部科学大臣からメッセージとして示されました。

　音楽科においても，**児童一人一人が端末をもっていることを想定した音楽の授業の在り方を考える**必要があります。今後，音楽制作用ソフトやアプリを使いこなし，レイヤーをループ（反復）したり，ミックス（重ねる）したりしながらオリジナル曲を制作していく児童も増えていくでしょう。Society 5.0時代に生きる子供たちを教える**教師に必要なこと**は，まずこれらの**ソフトやアプリを使って，自ら曲を制作してみる姿勢をもつ**ことです。教師の新たなチャレンジが，これからの音楽科教育の行く末を左右するといっても過言ではないでしょう。

5 第5学年及び第6学年の特徴

❶ 第5学年及び第6学年の目標

> (1) 曲想と音楽の構造などとの関わりについて理解するとともに，表したい音楽表現をするために必要な歌唱，器楽，音楽づくりの技能を身に付けるようにする。
> —〔知識及び技能〕
>
> (2) 音楽表現を考えて表現に対する思いや意図をもつことや，曲や演奏のよさなどを見いだしながら音楽を味わって聴くことができるようにする。
> —〔思考力，判断力，表現力等〕
>
> (3) 主体的に音楽に関わり，協働して音楽活動をする楽しさを味わいながら，様々な音楽に親しむとともに，音楽経験を生かして生活を明るく潤いのあるものにしようとする態度を養う。—〔学びに向かう力，人間性等〕　　　※—〔　〕引用者

　学年の目標は，教科の目標と同様に，(1)「知識及び技能」の習得，(2)「思考力，判断力，表現力等」の育成，(3)「学びに向かう力，人間性等」の涵養に関する目標で構成されています。

　高学年では，「知識」の習得について「理解する」とし，「技能」の習得について「表したい音楽表現をする」ために必要な技能と示しています。また，表現領域の「思考力，判断力，表現力等」の育成については，「表現に対する思いや意図をもつこと」，鑑賞領域については，「曲や演奏のよさなど」を見いだすと示しています。さらに，「学びに向かう力，人間性等」の涵養については，「主体的に音楽に関わり，協働して音楽活動をする楽しさを味わいながら」と示しています。

❷ 歌唱の活動における特徴

　高学年の児童は，曲の特徴を理解して聴こうとしたり，自分の思いや意図が聴き手に伝わるような表現をしたりしようとする意欲が高まってくる傾向が見られます。また，曲のよさや演奏の優れているところを見いだす力が身に付いてくる傾向や，これまでに身に付けてきた歌い方を生かして，友達と協力して合唱などの歌声を重ねた活動に積極的に取り組む傾向が見られます。さらに，表現にふさわしい呼吸や発音の仕方を工夫して，響きのある声で歌おうとする意欲も高まってくる傾向が見られます。

　そこで高学年では，児童が「歌うことが好き」，「いろいろな曲に挑戦したい」と思えるようにすることを大事にしながら，意欲をもって主体的に取り組むことができる歌唱の活動を進めることが重要となります。そのような歌唱の活動の中で，低学年及び中学年において身に付け

てきた資質・能力を伸ばし，**歌う喜びを味わい，歌うことを通して音楽の豊かさやすばらしさに触れる**とともに，**曲の特徴を捉えた表現を工夫したり，思いや意図に合った表現で歌ったりする喜びを味わうことができる**ように指導することが大切です。

❸ 器楽の活動における特徴

高学年の児童は，曲の特徴を意識して聴こうとしたり，自分の思いや意図が聴き手に伝わるような表現をしたりしようとする意欲が高まってくる傾向が見られます。範奏を聴いて曲や演奏のよさや美しさを判断する力が身に付いてくる時期であり，中学年でのハ長調の視奏に慣れ親しんだ経験を生かして，楽譜を見て演奏することへの関心が高まってくる時期でもあります。また，多様な音楽に対する関心が高まり，自らの演奏のよさを客観的に判断することができるようになる傾向が見られます。

そこで高学年では，児童が「いろいろな楽器や曲を演奏することに挑戦したい」と思えるようにすることを大事にしながら，意欲をもって主体的に取り組むことができる器楽の活動を進めることが重要となります。そのような器楽の活動の中で，低学年及び中学年において身に付けてきた資質・能力をさらに伸ばし，**既習の楽器を含めて電子楽器，和楽器，諸外国に伝わる楽器などの演奏に取り組み，曲の特徴にふさわしい表現を工夫したり，思いや意図に合った表現で演奏したりする喜びを味わうことができる**ように指導することが大切です。

❹ 音楽づくりの活動における特徴

高学年の児童は，中学年までの即興的に表現する活動を基に，いろいろな音の響きのよさや面白さに気付くようになり，自分が表したい音の響きの組合せを試しながら，よりよい表現を探ろうとする傾向が見られます。このような児童の実態を踏まえ，高学年では，**即興的に表現する活動や音を音楽へと構成していく活動を通して，児童が試行錯誤し，音楽をつくる喜びを味わうことができる**ように指導することが大切です。

❺ 鑑賞の活動における特徴

高学年の児童は，旋律，楽器の音色，音の重なりとともに，反復及びその変化など様々な音楽の特徴を捉えて聴こうとする傾向が見られます。

そこで高学年では，児童が「いろいろな種類の音楽を聴いてそのよさを伝えたい」と思えるようにすることを大事にしながら，意欲をもって主体的に取り組むことができる鑑賞の活動を進めることが重要となります。そのような鑑賞の活動の中で，低学年及び中学年で身に付けてきた資質・能力をさらにのばし，**自分の感じたことや考えたことを伝え合うなどの活動を効果的に取り入れて，曲や演奏のよさなどを見いだしながら，音楽を全体にわたって味わって聴く喜びを感じ取れる**ように指導することが大切です。

6 第5学年及び第6学年の題材・教材一覧

❶ 高学年における歌唱，器楽教材の特徴

高学年で取り上げる主な歌唱教材は，各学年4曲の中から3曲を扱う共通教材を含めて，斉唱及び合唱で歌う曲が対象となります。器楽教材は，歌唱で扱った教材に必ずしもとらわれることなく，楽器の特徴や演奏効果を考慮して器楽のためにつくられた重奏や合奏などの曲が対象となります。その際，和音の取扱いについては，Ⅰ，Ⅳ，Ⅴ，Ⅴ₇などを中心とし，特に低音の充実を考慮します。

本書における第5学年の題材一覧

収録 NO.	領域 分野	題材名 「教材名」	本題材で扱う主な指導事項 ※主な音楽を形づくっている要素	時数
1	歌	重なり合う音のひびきを味わおう 「いつでもあの海は」「小さな約束」	(1)ア，イ，ウ(ウ)，〔共〕(1)ア ※音楽の縦と横との関係	5
2	唱	曲の特ちょうにふさわしい表現を工夫し，ひびきのある声で歌おう 「冬げしき」〈共通教材〉	(1)ア，イ，ウ(イ)(ウ)，〔共〕(1)ア ※旋律，強弱，音の重なり，フレーズ	3
6	器	いろいろな楽器の音が重なり合うひびきを楽しもう 「リボンのおどり」	(2)ア，イ(ア)(イ)，ウ(イ)，〔共〕(1)ア ※音色，リズム，音楽の縦と横との関係	4
7	楽	全体のひびきをきいて，音を合わせて演そうしよう 「こきょうの人々」	(2)ア，イ(ア)，ウ(ア)(ウ)，〔共〕(1)ア ※音楽の縦と横との関係	3
11	音楽づくり	打楽器でリズムアンサンブルをつくろう	(3)ア(イ)，イ(イ)，ウ(イ)，〔共〕(1)ア ※音色，リズム，反復，呼びかけとこたえ，音楽の縦と横との関係	4
12		五音音階で旋律をつくろう	(3)ア(イ)，イ(イ)，ウ(イ)，〔共〕(1)ア ※旋律，音階，変化，音楽の縦と横との関係	3
13		ずれの音楽をつくろう	(3)ア(イ)，イ(イ)，ウ(イ)，〔共〕(1)ア ※リズム，反復，音楽の縦と横との関係	3
16	鑑	日本の楽器の音色に親しもう 「春の海」	(1)ア，イ，〔共〕(1)ア ※音色，旋律，音楽の縦と横との関係	2
17	賞	曲の面白いところを見つけてきこう 「剣の舞」	(1)ア，イ，〔共〕(1)ア ※音色，呼びかけとこたえ	2
18		曲想のうつり変わりを味わおう 「ハンガリー舞曲第5番」	(1)ア，イ，〔共〕(1)ア ※速度，旋律，変化	2

・本題材では，複数の領域・分野を関連付けて構成されているものもありますが，ここでは主な活動に絞って掲載しています。
・「本題材で扱う主な指導事項」には，学習指導要領の内容を示しています。〔共〕は〔共通事項〕の略記です。
・「※主な音楽を形づくっている要素」には，本題材において，児童の思考・判断のよりどころとなる主なものを，「音楽を特徴付けている要素」及び「音楽の仕組み」の中から選択して示しています。
・〔共通事項〕(1)イ，及びそこで扱う「音符，休符，記号や用語」については，ここでは特に示していませんが，〔共通事項〕(1)アの学習と関連を図るなどして，適宜，取り扱うようにします。

❷ 高学年における鑑賞教材の特徴

　高学年では，和楽器の音楽を含めた我が国の音楽や諸外国の音楽など文化との関わりを捉えやすい音楽，人々に長く親しまれている音楽など，いろいろな種類の曲を選択します。また，音楽を形づくっている要素の働きを感じ取りやすく，聴く喜びを深めやすい曲，楽器や人の声が重なり合う響きを味わうことができる，合奏，合唱を含めたいろいろな演奏形態による曲を選択することが大切です。

本書における第6学年の題材一覧

収録NO.	領域分野	題材名 「教材名」	本題材で扱う主な指導事項 ※主な音楽を形づくっている要素	時数
3	歌唱	全体のひびきをきき，声を合わせて歌おう 「星の世界」	(1)ア，イ，ウ(イ)(ウ)〔共〕(1)ア ※和音の響き	3
4		日本の音楽の特ちょうを感じ取って歌おう 「越天楽今様」〈共通教材〉	(1)ア，イ，ウ(ウ)〔共〕(1)ア ※音色，旋律，音の重なり，フレーズ	3
5		歌詞と音楽との関わりを味わおう 「ふるさと」〈共通教材〉	(1)ア，イ，ウ(イ)(ウ)〔共〕(1)ア ※旋律，強弱，フレーズ，音楽の縦と横との関係	5
8	器楽	パートの役割を生かしひびきを合わせて合奏しよう 「ラバーズ　コンチェルト」	(2)ア，イ(ア)，ウ(ウ)〔共〕(1)ア ※旋律，音楽の縦と横との関係	4
9		曲の特ちょうにふさわしい表現を工夫し，音色やひびきに気をつけて演奏しよう　「メヌエット」	(2)ア，イ(ア)(イ)，ウ(ア)(イ)〔共〕(1)ア ※音色，音楽の縦と横との関係	4
10		ひびき合いを生かして演奏しよう 「カノン」	(2)ア，イ(ア)，ウ(ウ)〔共〕(1)ア ※反復，音楽の縦と横との関係	4
14	音楽づくり	動機をもとに音楽をつくろう	(3)ア(イ)，イ(イ)，ウ(イ)〔共〕(1)ア ※旋律，フレーズ，変化，音楽の縦と横の関係	4
15		じゅんかんコードをもとにアドリブで遊ぼう	(3)ア(ア)，イ(ア)，ウ(ア)〔共〕(1)ア ※反復，音楽の縦と横との関係	4
19	鑑賞	〔音楽のもと〕を手がかりにして作曲者や演奏者の思いを探ろう　「交響曲第5番『運命』」	(1)ア，イ，〔共〕(1)ア　※リズム，速度，強弱，反復，音楽の縦と横との関係	3
20		曲や演奏のよさを理解してきこう 「木星」	(1)ア，イ，〔共〕(1)ア ※旋律，変化，音楽の縦と横との関係	2

・本題材では，複数の領域・分野を関連付けて構成されているものもありますが，ここでは主な活動に絞って掲載しています。
・「本題材で扱う主な指導事項」には，学習指導要領の内容を示しています。〔共〕は〔共通事項〕の略記です。
・「※主な音楽を形づくっている要素」には，本題材において，児童の思考・判断のよりどころとなる主なものを，「音楽を特徴付けている要素」及び「音楽の仕組み」の中から選択して示しています。
・〔共通事項〕(1)イ，及びそこで扱う「音符，休符，記号や用語」については，ここでは特に示していませんが，〔共通事項〕(1)アの学習と関連を図るなどして，適宜，取り扱うようにします。

7 年間指導計画の作成のポイント

年間指導計画とは，年間を見通した**学習指導の設計図**です。題材名，扱う時期，主な教材名，題材の目標，学習指導要領の内容，評価規準，学校行事や他教科との関連等がマトリックスの形で示されるのが一般的です。地域の実態などを踏まえ，各学校において作成します。

❶ 長期的な見通しをもち，学習活動，内容に偏りがないように配慮する

各学期及び年間を見通して，**各活動（歌唱，器楽，音楽づくり，鑑賞）及び学習指導要領で扱う内容に偏りがないように配慮**することが必要です。また，年間を見通して題材間の関連を図ることも大切です。例えば，1学期に行った「日本の民謡」の特徴を捉えて歌う学習を，2学期で行う民謡音階を生かして「生活のうた」をつくる学習に生かせるよう，指導計画を工夫することなどが考えられます。

❷ 学校や地域の実態や，他教科等との関連を考えて作成する

楽器の整備状況，児童の音楽学習における実態は学校によって様々です。例えば，音板の取り外しが可能な木琴や鉄琴，また箏などの和楽器が整備されているのであれば，それらを活用した題材を位置付けるなど，**各学校の実態に応じた学習活動を工夫**することも重要です。

また，大切に継承されている祭り囃子があったり，地域で開催される音楽会が伝統行事になっていたりする地域では，演奏家に協力をいただいて学習を深めたり，地域の音楽会での発表と連動させて合唱や合奏の学習を深めたりするなど，**各地域の実態に応じた学習活動を工夫する**ことが重要です。

また，**幼稚園教育で育まれた資質・能力との関連を図ること（低学年），道徳教育，特別支援教育との関連を考慮した指導を行うこと**，そして，生活科を始めとする**他教科等との関連を図る**ことなどが重要です。

❸ PDCA サイクルを充実する

年間指導計画は，毎年，その都度更新していくものです。指導計画の質的な充実を図るためには，Plan（計画）－ Do（実行）－ Check（評価）－ Action（改善）のサイクルを充実し，今年度の計画の成果と課題を，次年度の計画の改善に生かしていくことが重要です。成果と課題を明確にすることは，**指導計画の充実に必要な物的・人的な体制**（例えば，タブレット機器，地域の音楽指導者とのティーム・ティーチングなど）を整え，**教育活動の質と学習の効果を向上する**ことにもつながります。これからの時代は，このような「**カリキュラム・マネジメント**」に努めることが求められます。

（今村　行道・津田　正之）

2章

主体的・対話的で 深い学びを実現する！ 題材モデル 20

1 重なり合う音のひびきを味わおう

学年・活動 第5学年・歌唱（器楽）　主な教材 「いつでもあの海は」「小さな約束」

本題材で扱う学習指導要領の内容

2内容　A表現　(1)歌唱ア，イ，ウ(ウ)，(2)器楽ア，イ(ア)，ウ(ウ)　〔共通事項〕(1)ア
思考・判断のよりどころとなる主な音楽を形づくっている要素：音楽の縦と横との関係（旋律の重なり方）

1 題材の目標

○「いつでもあの海は」，「小さな約束」の曲想と音楽の構造などとの関わりについて理解するとともに，思いや意図に合った表現をするために必要な技能を身に付ける。

○「いつでもあの海は」，「小さな約束」の音楽の縦と横との関係などを聴き取り，それらの働きが生み出すよさや面白さ，美しさを感じ取りながら，聴き取ったことと感じ取ったこととの関わりについて考え，曲の特徴にふさわしい表現を試しながら考え，どのように歌ったり演奏したりするかについて思いや意図をもつ。

○「いつでもあの海は」，「小さな約束」の旋律の重なり方などの音楽の特徴に興味・関心をもち，音楽活動を楽しみながら主体的・協働的に歌唱や器楽の学習活動に取り組む。

2 題材の特徴と学習指導要領との関連

❶ 本題材で扱う教材「いつでもあの海は」，「小さな約束」の特徴

歌唱教材「いつでもあの海は」（佐田和夫作詞，長谷部匡俊作曲）は，前半が斉唱で声の響きが一つにまとまるよさを味わえます。後半は二部合唱になり，さらに二つの声部の重なり方が異なることが特徴です。後半の一段目は，主旋律を追いかけるように副次的な旋律が入ってきます。後半の二段目は，主旋律と副次的な旋律が同じリズムで重なっています。曲の構成を把握することで，それぞれの重なり方のよさを生かした表現を工夫することができます。

器楽教材「小さな約束」（佐井彰作曲）は，歌唱教材と同じく前半は斉奏，後半は二重奏になっています。そのため，既習の学習を振り返ることで，曲の構造を捉えやすくなっています。

❷ 「声を合わせて歌う」学習の位置付け

第5学年及び第6学年では，「各声部の歌声や全体の響き，伴奏を聴いて，声を合わせて歌う技能」が示されており，自分の歌声を全体の中で調和させて歌うことが求められています。高学年では，各声部の役割を理解し，他声部との関わりを意識して歌うことで，歌声が重なって生み出される様々な響きを味わうことができます。旋律の重なり方に注目し，豊かな表現になるよう強弱などを工夫し，調和のとれた表現を目指せるよう指導していくことが大切です。

3 主体的・対話的で深い学びの視点による題材構成のポイント

❶ 写真や映像を活用する

　主体的な学びの視点から授業を改善するためには，写真や映像を効果的に活用することが大切です。「いつでもあの海は」では，歌詞の内容を深く理解するために海の写真や映像を提示し，歌詞に合う海の情景を想像できるようにします。文字に加えて視覚的な情報を与えることでイメージが膨らみ，自分の表現したい思いや意図を明確にすることにつながります。感じ取ったことをまとめて，全体で共有することは，表現を工夫する際の手がかりになります。

❷ 掲示物を活用する（主体的な学び，深い学びの視点から）

　既習内容を振り返り，一人一人が見通しをもって学習に取り組めるようすることは，主体的な学びの視点から大切なことです。そのために，第一次の「小さな約束」で学習するリコーダーの音の合わせ方についての視点をまとめたものを掲示します。この掲示物を見ることで，リコーダーの学習を生かし，歌唱でも同じように重なり方を意識して表現することの大切さに気付くことができます。既習内容と結び付けて考え，本時の課題を明確にもつことは，学びの深まりにつながります。

❸ 一人一人の思いを伝えやすくするグループ活動を取り入れる（対話的な学びの視点）

　対話的な学びの視点からの授業改善では，少人数のグループ活動を効果的に導入することが大切です。表現したい部分が共通する児童でグループを編成し，ホワイトボードを活用することで，児童のコミュニケーションが活発になり，各自の思考が視覚的に捉えやすくなります。

4 題材の評価規準

知識・技能	思考・判断・表現	主体的に学習に取り組む態度
知 曲想と音楽の構造などとの関わりについて理解している。（器楽・歌唱） 技① 他の声部の音や全体の響き，伴奏を聴いて，自分の音を調和させて演奏する技能を身に付けて演奏している。（器楽） 技② 「いつでもあの海は」の各声部の歌声や全体の響き，伴奏を聴いて声を合わせて歌う技能を身に付けて歌っている。（歌唱）	思① 「小さな約束」の短調，音楽の縦と横との関係を聴き取り，それらの働きが生み出すよさや面白さ，美しさを感じ取りながら，曲の特徴にふさわしい表現を工夫し，どのように演奏するかについて思いや意図をもっている。（器楽） 思② 「いつでもあの海は」の強弱，音楽の縦と横との関係を聴き取り，それらの働きが生み出すよさや面白さ，美しさを感じ取りながら，曲の特徴を生かした表現を工夫し，どのように歌うかについて思いや意図をもっている。（歌唱）	態① 「小さな約束」の音楽の特徴や，音を合わせて演奏する学習に興味・関心をもち，音楽活動を楽しみながら主体的・協働的に器楽の学習に取り組もうとしている。（器楽） 態② 「いつでもあの海は」の音楽の特徴や声を合わせて歌う学習に興味・関心をもち，音楽活動を楽しみながら主体的・協働的に歌唱の学習に取り組もうとしている。（歌唱）

5 指導と評価の計画（全5時間）

次	○学習内容	指導上の留意事項	評価規準
第一次（第1時）	ねらい：リコーダーの音が重なり合うよさを感じながら演奏する。		
第一次（第1時）	教材名「小さな約束」 ○イ短調の響きを感じ取って、主旋律を演奏する。 ○旋律の特徴を生かして、副次的な旋律を演奏する。	・イ短調の音階を教え、ハ長調の音階との違いを理解させ、短調についてつかませる。 ・前半は斉奏、後半は合奏になっていることを拡大譜で確認し、音の合わせ方について児童の考えを基に視点をまとめる。	知
（第2時）	○短調の響きを感じ取りながら二部合奏する。 ○二つのグループに分かれて互いの演奏を聴き合う。 ○演奏の録音を聴いて振り返る。	・演奏するグループと聴くグループに分けて、互いの演奏を聴かせ、よさや課題を見付けて共有させる。 ・全体の演奏を録音し、振り返らせる。	思① 技① 態①
第二次（第3時）	ねらい：歌声が重なり合うよさを感じながら合唱する。		
第二次（第3時）	教材名「いつでもあの海は」 ○歌詞の内容や海の写真、映像からイメージを膨らませる。 ○音楽を形づくっている要素に気を付けて範唱を聴く。 ○曲の表情や雰囲気をつかみ、主旋律を歌う。 ○曲想と音楽の構造や歌詞の内容との関わりについて理解し、副次的な旋律を歌う。	・「海」という言葉や歌詞から思い浮かぶことをワークシートに記入させる。 ・海の写真や映像を見せてイメージを膨らませ、気付いたことや感じたことを発表させ、全体で共有する。 ・拡大譜を使って、アは斉唱であること、イは主旋律を追いかけるように副次的な旋律が入ってくること、ウは二つの旋律が同じリズムで重なっていることを理解させ、曲全体の構成を確認する。	知
（第4時）	○旋律の重なり方を確認し全体の響きを聴いて二部合唱する。 ○ア（前半2段）の部分の特徴にふさわしい表現を工夫する。 ○二部合唱したものを録音する。	・拡大譜を示しながら、ア、イ、ウの旋律の重なり方の違いを確認させる。 ・アの部分の工夫などを付箋に書いて貼る方法を示しておく。 ・イとウの気に入ったところ、表現を工夫したいところを見付けさせ、合唱を録音する。	
（第5時）	○イ、ウ（後半2段）の部分の特徴にふさわしい表現を工夫する。 ○グループで工夫したことを発表し、感想を伝え合う。 ○二部合唱したものを録音し、自分たちの表現を振り返る。	・前時の録音を聴かせて課題を見付ける。 ・グループに分かれてホワイトボードに付箋を貼ったり、書き込んだりして、歌い方を試しながら、表現を工夫するようにする。 ・工夫したことを発表させ、それぞれのよさを伝え合うようにする。	思② 技② 態②

6 本時の流れ（5／5時間）

○学習内容　・学習活動	教師の主な発問と子供の状況例	評価規準と評価方法
ねらい：旋律の重なり方や歌詞を生かして，曲の特徴にふさわしい表現を工夫して歌う。		
○前時に録音した「いつでもあの海は」を聴く。 ・録音したものを聴いて，課題を見付ける。	「前回アの部分を工夫しましたね。録音を聴いてみましょう」 ・アの強弱はついていたけれど，もっと発音に気を付けたい。 ・イとウは盛り上がりがないな。	
○本時のめあてをつかむ。 ・拡大譜でア・イ・ウの重なり方の違いを確認する。 ○グループに分かれ，イとウの特徴（歌詞の内容，旋律の重なり方など）にふさわしい強弱などの表現工夫をする。 ・ホワイトボードにピンク（*mf*, *f*, <）と青（*mp*, *p*, >）の付箋を貼ったり，マジックで書き込んだりして歌い方を工夫する。 ・前回選んだイとウの1番，2番に分かれて4～6人のグループで工夫する。	「旋律の重なり方や歌詞の違いを生かして，イとウの部分を自分たちの思いが伝わるようにグループで歌い方を工夫してみましょう」 「ホワイトボードに付箋を貼ったり，マジックで書き込んだりして，歌詞の内容や旋律の動き，重なり方の違いが生きるように，強弱や歌い方を試してみましょう」 ・1番イ：「なみがはげしい」から，上のパートだけでなく，下のパートも下から盛り上げるようにクレシェンドで歌おう。 ・2番イ：「ささやくように」のところは弱く優しく歌おう。 ・1番ウ：「おおぞらに」のところは，声が大きく広がるように声を響かせて歌おう。	思② 発言 ホワイトボードの記述
○グループで工夫したことを発表し，感想を伝え合う。 ・実物投影機を使い，テレビにホワイトボードを映しながら，工夫した点を発表する。 ・発表したグループの工夫を全体で歌ってよさを伝え合う。	「同じ旋律でも，歌詞によって歌い方が変わっているか，歌詞の内容や旋律にふさわしい歌い方になっているか，聴いてみましょう」 ・ウの最後はデクレシェンドで消えていく感じがしたので，本当に遠くで聞こえるようだった。 ・同じ旋律でも1番と2番では，歌詞の内容が違うから表現の仕方が変わっていた。	技② 演奏
○「いつでもあの海は」を二部合唱し，録音して振り返る。	「自分たちの思いをもって，表現の工夫をすることができましたか。歌詞を大切にして声を合わせて歌いましょう」	態② 観察 ワークシート

7 授業づくりのポイント

❶ 拡大譜やホワイトボードを活用する

　話合い活動を活発にするためには，拡大譜やホワイトボードを活用します。児童には新しい楽譜を見た際に，*mf* や *f* など「やや強く，強く」のときには「赤」，*mp* や *p* など「やや弱く，弱く」のときには「青」で印をつけるように伝えます。視覚から強弱の変化が捉えやすくなるとともに，付箋を動かすことで強弱の変化の工夫をしやすくしました。一人一人の思いや意図を可視化することは，

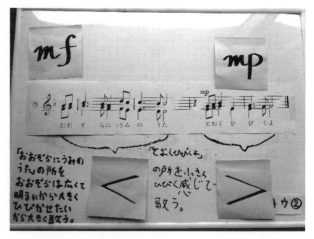

自分の考えを振り返りながら学習することにつながり，深い学びにつながります。

❷ 児童の引き出しを豊かなものにする

　歌唱の表現活動では，曲の特徴への理解を深めながら，表したい思いや意図をもち，それを高めていくことが大切です。初めての曲との出会いでは，教科書や楽譜に気付いたことや感じたことを書き込み，全体で共有するようにします。例えば「はずむ感じがする」と答えたときには，なぜそのように感じたのか，楽譜を見たり，範唱を聴いたりして，「音が短くて，スタッカートが付いているから，そのように感じたんだね」のように，感じ取ったことと音楽を形づくっている要素を結び付けるようにします。今回の授業では，次ページのようなワークシートを活用し，まずは自分の思いをもたせてから全体で共有し，曲の構成や歌詞の内容に迫っていきます。また，歌い方や演奏の仕方を工夫する際には，全員で強くしたり，弱くしたり，速くしたり，遅くしたりと比較してみることで，「○○なときには△△が合いそうだ」という児童の気付きを促し，歌唱表現が豊かになったことを価値付けていくことも必要です。

❸ 「聴き合う活動」と「よさを認め合う活動」にする

　児童は，教師が気付かない些細なことにも敏感に感じ取る純粋な視点をもっています。そのため，気付いたことや感想をその場で伝え合う時間はしっかりと確保したいです。音や音楽，言葉によるコミュニケーションは協働的な音楽の学習をより豊かなものにします。そのためには，日頃から児童の発言を取り上げ，活発に意見を言い合える雰囲気づくりを大切にすることが肝要です。教師自らも音楽活動を楽しみながら，児童とともにいろいろな音楽をつくり上げ，音楽の面白さやよさを味わっていきたいと考えます。

「いつでもあの海は」 5年　　組　　番　氏名（　　　　　　　　　　　）

♪「海」と聞いて、どんなことを思い浮かべますか。

（例） 　広い、大きい、青い、冷たい、波

> ここは，自由に書かせます。
海のイメージを自分で書き，
友達と共有します。
いろいろな気付きがあり，
盛り上がります。

♪1番の歌詞・2番の歌詞を読んで感じたことを書きましょう。

1番	2番
（例） 　波が激しい、大きい感じ、いつも側にいる 　かっこいい感じ、壮大な	（例） 　波が優しい、おだやか、静かな感じ 　心に何か秘めているよう

♪楽譜を見たり、聴いたりして、重なり方の違いや感じたことを書きましょう。

ア　（　　全員で同じ　　）旋律を歌う部分

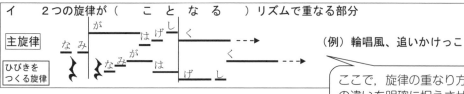

主旋律　　い　　でも　あ　の　う　み　は　- - →
　　　　　　　つ　　　　　　　　　　　　　　（例）一人で歌っているよう
　　　　　　　　　　　　　　　　　　　　　　　　　そろっている

イ　　2つの旋律が（　　ことなる　　）リズムで重なる部分

主旋律　　な　み　が　　　はげしく　- - →
ひびきを　　　　な　み　が　は　げ　し　く　- - →
つくる旋律　　　　　　　　　　　　（例）輪唱風、追いかけっこ

> ここで，旋律の重なり方
の違いを明確に捉えさせ
ます。拡大譜を見ながら，
全員で重なり方を確認し
ます。

ウ　　2つの旋律が（　　同じ　　）リズムで重なる部分

主旋律　　おお　ぞ　らに　うみの　うた　- - →
ひびきを　おお　ぞ　らに　うみの　うた　- - →
つくる旋律　　　　　　　　　　　（例）広大な感じ、まとまっている

♪イとウの中で、気に入ったところに〇をつけましょう。選んだ理由も書きましょう。

1番	2番
⭕ イ　波が　はげしく　くだけるように	イ　波が　やさしく　ささやくように
ウ　大空に　海のうた　遠くひびくよ	ウ　くり返す　海のうた　風もひかるよ

【理由】
（例）波が強く、激しい感じが好きだから。 　　　旋律が追いかけっこをしている感じで、副旋律の入りから盛り上げたいから。

（齋藤　文惠）

2 曲の特ちょうにふさわしい表現を工夫し，ひびきのある声で歌おう

| 学年・活動 | 第5学年・歌唱 | 主な教材 | 「冬げしき」〈共通教材〉 |

本題材で扱う学習指導要領の内容

2内容　A表現　(1)歌唱ア，イ，ウ(イ)(ウ)　〔共通事項〕(1)ア
思考・判断のよりどころとなる主な音楽を形づくっている要素：旋律，強弱，音の重なり，フレーズ

1 題材の目標

○「冬げしき」の曲想と音楽の構造や歌詞の内容との関わりについて理解するとともに，思いや意図に合った表現をするために必要な技能を身に付ける。

○「冬げしき」の旋律や強弱，音の重なり，フレーズなどを聴き取り，それらの働きが生み出すよさや面白さ，美しさなどを感じ取りながら，聴き取ったことと感じ取ったこととの関わりについて考え，曲の特徴にふさわしい表現を工夫し，どのように歌うかについて思いや意図をもつ。

○「冬げしき」の歌詞の表す情景や旋律の特徴に興味・関心をもち，音楽活動を楽しみながら主体的・協働的に歌唱の学習活動に取り組む。

2 題材の特徴と学習指導要領との関連

❶ 本題材で扱う教材「冬げしき」の特徴

　本教材「冬げしき」（作詞，作曲不詳）は，「尋常小学唱歌（五）」（大正2年）に初めて登場した，文部省唱歌の一つです。歌詞は，早朝の入り江の様子，日中の山畑の様子，日が暮れた里の様子と，時間や場面が移り変わり，冬の日本の情景や郷愁を味わえるものになっています。情景を思い浮かべながら，どのように歌うかについて思いや意図をもって歌うことに適した教材といえます。本題材では部分二部合唱で扱います。

❷ 「曲の特徴にふさわしい表現を工夫」する学習の位置付け

　歌唱の事項アでは，歌唱表現を工夫する根拠について，低学年「曲想を感じ取って」，中学年「曲の特徴を捉えた」，高学年「曲の特徴にふさわしい」表現を工夫し，と系統立てて構成されています。高学年では，曲の特徴に求めて表現をつくりだすことが求められます。指導に当たっては，曲の特徴を理解したり，必要な技能を身に付けたりしながら，様々な表現方法を試すなどして，思いや意図を膨らませるようにすることが大切になります。

3 主体的・対話的で深い学びの視点による題材構成のポイント

❶ 児童の気付きを膨らませるような手立てを工夫する

　児童が主体的に学習に取り組むためには，まず，曲想と歌詞の内容との関わりを理解することが大切です。情景を思い浮かべられるよう，歌詞をしっかりと読んだり，情景の写真などを見たりすることが，曲想と歌詞の内容との関わりを捉えることにつながります。また，その手立てから生まれた児童の小さな気付きを教師がしっかり見取って価値付けていくことで，自らの気付きが音楽的に価値のあることだと理解し，それが主体的な学びとなっていくのです。

❷ 表現したい思いや意図を歌唱の活動を通して確かめ，その表現を共有する場面を設定する

　児童が，曲の特徴を理解し，「こんな感じで表現したいな」という思いをもち，そのために，具体的に「このように表現しよう」という意図をもつようにしていく過程で大切なことは，歌いながら確かめていくことです。歌唱の授業では，全体合唱や，クラスを二つに分けて歌う活動などの他に，グループ活動を行うことがあります。グループ活動では，話合いだけに留まらず，グループ内で気付いたことや感じ取ったことを実際に歌って確かめていく活動が大切になります。また，児童が表現したことを教師が価値付けしたり，子供同士で共有したりする時間をもつことは，児童一人一人の音楽表現を高めていくことにつながります。

　表したい思いや意図の共有場面では，表現を聴き合う活動が重要になってきます。聴き合うときには，思いや意図に合った表現になっているのかが視点になります。表現を聴き合うことで，音楽表現上の成果と課題を共有できるようにすること，課題の解決に向けて，協力して学習に取り組めるようにすることが重要です。

4 題材の評価規準

知識・技能	思考・判断・表現	主体的に学習に取り組む態度
知 「冬げしき」の曲想と音楽の構造や歌詞の内容との関わりについて理解している。 技 思いや意図に合った表現をするために必要な，呼吸及び発音の仕方に気を付けて，自然で無理のない響きのある声で歌う技能や，各声部の歌声や全体の響き，伴奏を聴いて，声を合わせて歌う技能を身に付けて歌っている。	思 「冬げしき」の旋律や強弱，音の重なり，フレーズなどを聴き取り，それらの働きが生み出すよさや面白さ，美しさなどを感じ取りながら，聴き取ったことと感じ取ったこととの関わりについて考え，曲の特徴にふさわしい表現を工夫し，どのように歌うかについて思いや意図をもっている。	態 「冬げしき」の歌詞の表す情景や旋律の特徴に興味・関心をもち，音楽活動を楽しみながら主体的・協働的に歌唱の学習活動に取り組もうとしている。

5 指導と評価の計画（全3時間）

次	○学習内容	指導上の留意事項	評価規準
第一次（第1時）	**ねらい：**「冬げしき」の曲想と歌詞の表す情景との関わりを捉えて，歌詞の表す情景を想像しながら歌う。 ○範唱を聴いて，曲の雰囲気を捉える。 ○曲の雰囲気を捉えながら主旋律を歌う。 ○歌詞を朗読し，情景を想像しながら曲想と歌詞の内容との関わりについて理解する。 ○拍打ちや拍子打ち，リズム打ちをしながらルやロで歌い，旋律の流れや特徴をつかむ。	・拡大楽譜を用意し，楽曲の雰囲気について気付いたことを記入できるようにする。 ・時間の経過を捉えられるような写真などを用意し，イメージを膨らませやすいようにする。 ・縦書きの歌詞を用意し，思い浮かべた情景についてイメージをもちやすくする。	
（第2時）	**ねらい：**主旋律と副次的な旋律の特徴を捉え，音の重なりを聴きながら，響きのある声で歌う。 ○範唱を聴いて，副次的な旋律の特徴を捉える。 ○フレーズを生かして，副次的な旋律を歌う。 ○主旋律や副次的な旋律の特徴を捉えて歌う。 ○旋律やフレーズ，歌詞の内容などから，強弱を工夫して歌いところを考える。 ○互いの歌声や伴奏との音の重なりを聴きながら歌う。	・拡大楽譜を用意し，主旋律や副次的な旋律の特徴について気付いたことを記入できるようにする。 ・学級をいくつかのグループに分け，どのように歌いたいかについて，いろいろな歌い方を試しながら，思いや意図をもちグループで共有できるようにする。	知
第二次（第3時）	**ねらい：**歌詞の表す情景や旋律の特徴に合った強弱を考え，それを生かした歌い方で歌う。 ○歌詞や旋律などから曲の特徴を捉えて，曲に合った強弱を考え，それを生かした歌い方で歌う。 ○それぞれのグループの工夫した表現を聴き合い，よさを認め合う。 ○「冬げしき」の学習を振り返る。	・前時に考えた歌い方の工夫を解決するために，意見を出し合いながら歌って確かめるようにする。 ・グループで共有した歌い方を発表し，思いや意図に合った表現で歌うようにする。	思 技 態

6 本時の流れ（3／3時間）

○学習内容　・学習活動	教師の主な発問と子供の状況例	評価規準と評価方法
ねらい：歌詞の表す情景や旋律の特徴に合った強弱を考え，それを生かした歌い方で歌う。		
○前時までの学習を確認しながら，「冬げしき」の主旋律や副次的な旋律を歌う。	「前の時間までに確認したことを思い出して歌ってみましょう」	
・歌詞の表す情景を確認して歌う。	・1番は朝の風景，2番は昼間に畑で働く人の様子，3番は里の様子を表しているね。	
・旋律の特徴を確認して二部合唱する。	・3段目は旋律のリズムが変わって一番盛り上がるところ。3段目，4段目は，旋律がきれいに重なるね。	
○本時のめあてを確認する。		
歌詞に合った強弱を考えて二部合唱をしよう。		
・グループ学習の進め方を確認する。	「グループで決めたパワーアップポイントができているか，歌って確かめていきましょう」	
○グループに分かれて，前時までに決めたグループの課題を解決しながら，歌ったり確かめたりする。 ・「パワーアップポイント」を解決する方法を考えて実践する。 ・聴き役が聴いて，よいところなどをアドバイスする。	・1番は早朝の様子を表しているから，2段目のデクレシェンドは消えるように，だけど音はしっかりのばして歌いたいな。 ・3番の4段目の mp は暗い様子を表すために，いつもより弱く歌った方がいいよ。 ・曲の終わりは落ち着いた感じで歌いたいな。	思 演奏 観察 学習カード
○それぞれのグループの工夫した表現を聴き合い，よさを認め合う。 ・よいところを発表し合う。	「それぞれのグループで考えたパワーアップポイントが表現できているかを聴きましょう」 ・1番は早朝の静かな感じが表現できているよ。	技 演奏
○学習を振り返り，どのような工夫をしたかについて，学習カードに記入する。	・同じ mp でも少し強かったり弱かったり工夫していることが分かった。	態 観察 学習カード

7 授業づくりのポイント

❶ 気付いたことや，思いや意図などを共有できるような板書を工夫する

児童が学習の充実感をもてるようにするには，自分自身が気付いたことや感じ取ったことが，学習の中に生かされていくようにすることが重要です。そのためには，学級全体で気付いたことや感じ取ったことを共有する「拡大楽譜」を用います。この中に自分たちが気付いたこと，感じたことをまとめていくと，どのように表現を深めていったらよいかを考えるための，よりどころになります。

❷ 歌詞の内容を理解できるようにするための手立てを考える

曲想を感じ取って表現するためには，歌詞の内容を理解することが重要です。「冬げしき」の歌詞には，普段の児童の生活場面で使われていない言葉が多くあります。言葉の意味を理解し，どんな情景を表しているのかを児童が自ら感じ取り，味わいながら歌うためには，歌詞の大意をつかんで情景を思い浮かべたり，言葉の意味を十分に味わえるようにしたりすることが重要です。

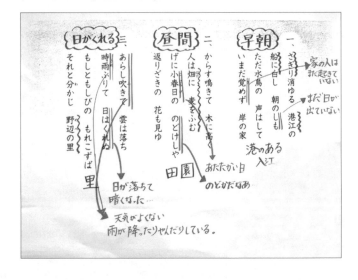

この曲の歌詞は，1番「早朝」，2番「昼間」，3番「日暮れ」のように時間と場面が移り変わっていきます。どの場面がどんな情景なのか，を捉えることで，表現の仕方も大きく変わってきます。「同じ旋律，同じ強弱記号でも，歌詞によって表現を変えて歌いたい」というような児童の思いを引き出す発問や，掲示を工夫することも必要です。

❸ グループ活動の役割を明確にする

　音楽科の授業では，グループ活動を設定することがあります。ただ，適切な場面設定や，支援ができないと，児童が思いや意図をもつことが難しくなり，それに伴って技能も身に付かないことになりかねません。グループ学習を行うことで，児童に何を気付かせ，何を身に付けさせたいのかについて，教師が見通しをもち，その上でグループ活動を設定することが大切です。

　また，どのくらいの人数でグループ編成をするのか，どんな構成にするのかも重要になります。曲によってペア活動なのか，グループ活動なのかを考え，子供同士の豊かな学びをつくっていくために多彩な学び合いの場面を取り入れていきます。そしてグループ活動がスムーズに行われるためには，グループ活動での約束や，グループ内での役割を明確にしておくことも大切です。たとえば今日のリーダー（意見のまとめ役），記録者（拡大楽譜に気付いたことを記録する役），合唱ならばそれぞれのパートのパートリーダー，表現したいことができているかを聴く聴き役など，児童一人一人が思いや意図を共有し，気付いたことや感じ取ったことを歌唱の表現を高める学習に生かしていくことが大切です。このような活動を学習活動の中で固定することなくいろいろな児童が行うことで，音楽の学習での主体性を引き出していきます。

❹ 思いや意図に合った表現をするための手立てを考える

　児童が思いや意図に合った表現をするために，具体的な手立てとして，グループごとに「パワーアップポイント」を考えます。「2番は，あたたかな景色が思い浮かぶように歌いたい」というような児童の思いを具体化するためには，具体的にどのように表現したらよいかを視覚化し，グループ活動の中で実際に「パワーアップポイント」の具体的な事項（意図）が音楽表現として実現できているか，歌って確かめていきます。その時間の聴き役になった児童は「パワーアップポイント」をよりどころにして確認をしていきます。

　またクラス全体で共有するときは，「パワーアップポイント」が聴く視点になってきます。グループ活動を行って，思いや意図に合った表現になっているのかを全体で共有するときには，「パワーアップポイント」はとても有効な手立てになります。

（太田　理絵）

全体のひびきをきき，声を合わせて歌おう

学年・活動 第6学年・歌唱　　主な教材 「星の世界」

本題材で扱う学習指導要領の内容

2内容　Ａ表現　(1)歌唱ア，イ，ウ(イ)(ウ)　〔共通事項〕(1)ア
思考・判断のよりどころとなる主な音楽を形づくっている要素：和音の響き（Ⅰ，Ⅳ，Ⅴ₇）

1　題材の目標

○「星の世界」の曲想と音楽の構造や歌詞の内容との関わりについて理解するとともに，思いや意図に合った表現をするために必要な，自然で無理のない，響きのある歌い方で歌う技能や，各声部の歌声や全体の響き，伴奏を聴いて声を合わせて歌う技能を身に付ける。

○「星の世界」の和音の響きを聴き取り，それらの働きが生み出すよさや面白さ，美しさを感じ取りながら，聴き取ったことと感じ取ったこととの関わりについて考え，曲の特徴にふさわしい表現を工夫し，どのように歌うかについて思いや意図をもつ。

○「星の世界」の和音の響きに興味や関心をもち，音楽活動を楽しみながら主体的・協働的に歌唱の学習活動に取り組み，部分三部合唱に親しむ。

2　題材の特徴と学習指導要領との関連

❶ 本題材で扱う教材「星の世界」の特徴

　教材「星の世界」（川路柳虹作詞，コンバース作曲）の原曲は，「What a Friend We Have in Jesus」というアメリカの賛美歌です。Ａ（a4＋a'4）＋Ｂ（b4＋a'4）の二部形式で，①が主旋律，②と③が和音に含まれる構成音による平易な旋律で構成されています。三部で重ねて歌うことにより，和音の響きの移り変わりを感じ取ることができます。お互いの声を聴き合いながら，ハーモニーが生まれる楽しさを味わうことのできる曲です。

❷ 「声を合わせて歌う」学習の位置付け

　学習指導要領において，「声を合わせて歌う」学習は，事項ウ(ウ)に第1学年及び第2学年から位置付けられています。第5学年及び第6学年では「各声部の歌声や全体の響き，伴奏を聴いて，声を合わせて歌う」ことが技能として示されています。中学年の「互いの歌声や副次的な旋律，伴奏を聴いて」からさらに高度になり，全体の響きを聴きながら歌声を調和させることができるよう，指導を工夫していくことが求められています。

3 主体的・対話的で深い学びの視点による題材構成のポイント

❶ 児童とともに学習計画を立て，目指したい姿を思い描く

学習カード等を活用し，指導計画の中でどのように学習し，最終的にどのように歌いたいかについて，児童とともに考えることは効果的です。児童は，「三つのパートでつられずに歌えるか心配です」「ちゃんと重なったらきれいだろうな」などと初発の感想をもちます。そこで，呼吸や発音などを身に付けながら三つのパートの音をしっかり歌えるようにする時間，和音の響きのよさを感じて歌う時間，レベルアップさせる時間など，児童と相談しながら学習計画を立てていきます。ゴールを意識することで，児童の主体的な学びは各段に高まります。

❷ 思いや意図に合った表現をするために必要な技能を身に付ける

今回の改訂において，技能は「思いや意図に合った表現をするために必要な技能」と位置付けられました。どのような曲でも「こう表現したい」という思いをもたせることが大切になります。「星の世界」においては，「三部合唱できれいに重ねたい，だから，正しい音程で歌う，響きのある声で歌う，重なりを感じて歌う」という技能が必要になるということです。児童が自ら，技能の習得が必要だと実感できる状況を意図的につくりだすことが重要です。

❸ スモールステップを自らで解決できる場を設定する

深い学びを目指すためには，児童が自ら対話的に学びながら課題解決をしていく学習が有効です。クラスを2〜3グループに分け，思いや意図をもって歌えるように，スモールステップを設定し，それを児童が解決していくようにします。その際，具体的なめあてをつくるようにします。例えば，「1段目の『星の光よ』を三つのパートできれいにそろえる」のようなめあてを立てると，児童は試行錯誤しながら，学びを深めることができます。

4 題材の評価規準

知識・技能	思考・判断・表現	主体的に学習に取り組む態度
知 「星の世界」の曲想と音楽の構造や歌詞の内容との関わりについて理解している。 技 思いや意図に合った表現をするために必要な，自然で無理のない，響きのある歌い方で歌う技能や，三つの声部の歌声や全体の響き，伴奏を聴いて声を合わせて歌う技能を身に付けて歌っている。	思 「星の世界」の和音の響きを聴き取り，それらの働きが生み出すよさや面白さ，美しさを感じ取りながら，聴き取ったことと感じ取ったこととの関わりについて考え，曲の特徴にふさわしい表現を工夫し，どのように歌うかについて思いや意図をもっている。	態 「星の世界」の和音の響きに興味や関心をもち，音楽活動を楽しみながら主体的・協働的に歌唱の学習活動に取り組もうとしている。

5 指導と評価の計画（全3時間）

次	○学習内容	指導上の留意事項	評価規準
第一次（第1時）	**ねらい：曲の特徴を感じ取り，自然で無理のない歌い方で主旋律を歌う。**		
	○範唱を聴いて曲の特徴を感じ取り，どのように歌いたいか見通しをもち，学習計画を立てる。 ○フレーズのまとまりに気を付けて主旋律を母音や「マ」，歌詞などで歌う。 ○友達と向かい合い，表情を見たり声を聴いたりして歌う。 ○歌詞を朗読し，情景を思い浮かべながら語感を生かして歌う。 ○和音伴奏にのって歌詞で歌う。	・暗幕を張った教室に星空を投影し，曲想を感じ取る手立ての一助とする。 ・拡大楽譜，縦書きの拡大歌詞を用意し，和音の重なり方や言葉の意味を視覚で分かるようにする。 ・音程が定まってきたら，和音伴奏などを入れて他の旋律が入ってきても歌えるようにする。	
第二次（第2時）	**ねらい：和音の響きの美しさを感じ取って，三部合唱の表現を工夫して歌う。**		
	○前時を想起しながら主旋律を歌う。 ○副次的な旋律の特徴を捉えて歌う。 ○三つのパートを「マ」「ル」「ロ」などで重ねて歌う。 ○自分の声の特徴に合った旋律を選んで歌う。 ○二つのグループに分かれ，お互いに聴き合い，さらによりよくなるポイントについて伝え合う。	・適宜ロングトーンなどで歌い，重なった和音の響きを感じ取って歌うことができるようにする。 ・お互いに聴き合い，よいところやアドバイス（和音の響きから外れないように支援をする）などを伝え，次時のグループ学習でのポイントとする。	知
（第3時）	○グループで課題を解決する。 ○グループの表現を聴き合い，よさを認め合う。 ○学習を振り返る。	・前時のアドバイスを生かしたポイントを解決できるようにする。 ・リーダーを中心に全員で協力できるよう支援する。 ・思いや意図が歌唱表現として実現していた点に着目するように促す。	思 技 態

6 本時の流れ（3／3時間）

○学習内容　・学習活動	教師の主な発問と子供の状況例	評価規準と評価方法
ねらい：和音の響きの美しさを感じ取って，三部合唱の表現を工夫して歌う。		
○「星の世界」を歌う。 ・今までの学習を生かし，のびのびと歌う。 ○本時のめあてを確認する。 ○グループ学習の進め方を確認する。	「音の重なりを感じながら，星の世界にふさわしいやわらかい声で歌いましょう」 ・「星の光よ」の音が難しいな。 ・めあても自分たちで考えたよ。 「重なり合う音の響きや美しさを感じて，グループ最高の歌声を響かせよう」 「グループ学習ではいくつかコツがあります。①全員で協力する，②どうしたらよくなるか考えて，歌って確かめる，③感動する心を大切にして，考えて言葉にする。思いやりの心を大切にして，素敵な歌にしてください」	
○グループで課題を解決する。 ・前時に考えたポイントを解決する方法を考えて実践する。 ・順番に交代しながら聴き，アドバイスをし合う。 ・リーダーはオルガンの自動伴奏を担当したり，歌い出しの音を弾いたりしてそこから歌うことができるようにする。 ・グループごとの拡大楽譜に，ポイントについてどうだったか書き込みながら進める。	・「星の光よ」まで歌ってください。 ・「ひ」ができないな。 ・「ひ」でのばそう。 ・聴き役さん，どうでしたか？ ・ほっぺが下がっていると，響きが暗いからきれいに重なり合ってないよ。もっとほっぺを上げよう。	思 　発言 　学習カード
○グループの表現を聴き合い，よさを認め合う。 ・リーダーはどのような方法で学習を進めたか発表する。 ・よいところとその理由を発表し合う。 ○学習を振り返る。	「リーダーはどのような練習をしたか，説明してから発表してください」 ・私たちのグループは，合わない音を合わせるためにロングトーンでのばす練習をしました。音だけでなく，気持ちも合わせて一つの点をめがけて歌い，音が広がるように歌えました。 ・意見を言っては試すことを繰り返して，どう歌ったらいいのか導き出せました。	技 　演奏聴取 態 　発言 　活動観察 　学習カード

7 授業づくりのポイント

❶ 星の世界をイメージするために，導入を工夫する

満点の星空を見たことのない児童は多いのでは
ないでしょうか。そんな児童のイメージを広げる
ために，音楽室に暗幕を張り，プロジェクターで
星空の映像を映し出し，その中で範唱を聴かせる
ことも一つの手立てです。普段とは違った雰囲気
の中，曲のもつ独特の静けさ，重なりの美しさな

どを感じ取り，さらにどのように歌いたいか思いを膨らませることができると考えます。

❷ 和音の響きの美しさを感じ取って歌うために，ていねいに音程を確認する

三部の和音の重なりを美しく響かせるためには，周りの音を聴きながら正しい音高で歌うこ
とが重要になってきます。交互唱をしたり，ルやロなどで歌ったりすることを通して曲に慣れ，
自然で無理のない，響きのある歌い方で生き生きと歌えるようにしていきたいと考えます。副
次的な旋律は同じ音が続きますが，変化する主旋律とともに歌うと，不安定な音程になること
があります。音高を手で表して歌ったり，パートごとに中心を向いて円になって歌ったり，向
かい合わせになったり全員で大きな円になったりしながら，周りの音をよく聴き，歌うように
します。グループ学習を行う前にある程度正しい音程で歌える状態であることが，グループ学
習成功の鍵といえます。

❸ グループ学習をスムーズに進めるための手立てを講じる

限られた授業時間の中で，児童がとまどうことなく効果的にグループ学習を進めることがで
きるよう，あらかじめ様々な手立てを講じておくとよいでしょう。

①録音できるオルガンに，和音伴奏と三つのパートの旋律を重ねて入力しておき，リーダーが
　再生できるように教えておきます。その際，伴奏はピアノ，歌の旋律は音が減衰しないクラ
　リネットなどの音色が適しています。

②譜面台に乗るサイズの拡大楽譜を用意し，サブリーダーが書
　き込みできるようにしておきます。譜面台には，本時で達成
　したいポイントや，グループ学習のコツも貼っておくとよい
　でしょう。

③旋律ごとにまとまって並び，聴き役はパートから一人ずつ出
　るようにすると，パートの音量バランスも崩れず，集中して
　達成ポイントに向かってグループ学習ができるでしょう。

④グループ学習でも，教師は適切に関わって指導をする必要があります。児童は，今もっている知識や技能を駆使しながら，思考を深めていきます。教師は児童の粘り強い取組を評価し，めあてを達成するためのアドバイスを積極的に行うと，自信をもってグループ学習を進めていけると思います。

❹ めあてを明確にし，一人一人の学びの記録のために学習カードを利用する

児童とともにつくり上げる授業のために，この曲でどのような学習がしたいか，ともに考えためあてを記入した学習カードを活用します。「できたよレベル」として5段階で自己評価し，振り返りを文章で記入することにより，一人一人の実態や思いを把握することができます。さらに，教師が次時の手立てや声かけ，支援などを考えるよりどころとすることができます。

「星の世界」学習カード

6年　　組（　）名前

♪めあてのふりかえりを書きましょう（1できない←→→→5よくできた）

第1時　曲の特徴を感じ取り，無理のない歌い方で歌おう	今日の状態
◎曲の雰囲気や歌詞のよさを感じ取り，この曲でどのような学習をしたいか，自分の考えをもった。	1 2 3 4 5
◎呼吸や発音の仕方に気を付けて歌った。	1 2 3 4 5
◎フレーズのまとまりを感じながら歌うことができた。	1 2 3 4 5

・呼吸のする場所に気を付けた。フレーズのまとまりも考えた。
・たくさん声を出して歌ってスッキリしたし楽しかった。
・「よそら」「あまた」という小節をまたぐ言葉のところで息つぎをしないように気を付けた。
・のどに力を入れず，体の空洞を使って歌えた。

第2時　主旋律と副次的な旋律のかかわりをとらえて歌おう	今日の状態
◎副次的な旋律の特徴をとらえて歌うことができた。	1 2 3 4 5
◎主旋律と副次的な旋律の重なりを感じて歌うために工夫をした。	1 2 3 4 5
◎周りの声を聴きながら響きを合わせて歌うためにどうしたらよいか考えた。	1 2 3 4 5

今回，Aグループ，Bグループに分かれて練習をしたけど，うまく1・2・3のパートが重ならなかった。2のパートはみんな少しずつ声が小さくなってしまった。
リーダーがすべてを指示するのではなく，チームの意見をよく聞き，それを元に練習方法を決めることができた。

第3時　和音の響きの美しさを感じ取って声を合わせて歌おう	今日の状態
◎パワーアップポイントをレベルアップさせるために工夫をした。	1 2 3 4 5
◎3パートの響きをそろえて歌うことができた。	1 2 3 4 5
◎友達の意見をよくきき，協力してグループ活動ができた。	1 2 3 4 5

自分がピアノをやって，各パートの問題点などのアドバイスを聞き，どうしたらいいかをみんなで話し合うことができた。パートの人数を変更してから，バランスがとても良くなって他のことも考える余裕ができたから，音もそろったんだと思う。

❺ 言語活動と音楽活動の往還を大切にする

学習の過程では，児童が話合いに夢中になってしまい，歌うことが少なくなりがちです。歌っては考え，また歌う，と繰り返すことで，音楽表現は徐々に高まっていきます。歌うことを十分に行いながら，考えを伝え合うという対話的な学びを通して，自分の考えを発展させ，学びを深めることができます。

❻ 教育課程全体で育てる資質・能力を意識する

この題材の学習では，音楽科で育成する資質・能力以外にも，問題解決力，仲間と協働する力，コミュニケーション力など，これからの時代に必要となる様々な資質・能力をのばすことができます。このような視点をもってカリキュラム・マネジメントを行っていくことが，新学習指導要領で求められている授業改善につながると考えられます。

(原山　史子)

4 日本の音楽の特ちょうを 感じ取って歌おう

学年・活動 第6学年・歌唱　主な教材「越天楽今様」〈共通教材〉
（え てんらくいまよう）

本題材で扱う学習指導要領の内容

2内容　A表現　⑴歌唱ア，イ，ウ⒄〔共通事項〕⑴ア
思考・判断のよりどころとなる主な音楽を形づくっている要素：音色，旋律，音の重なり，フレーズ

1 題材の目標

○「越天楽今様」の曲想と音楽の構造や歌詞の内容との関わりについて理解するとともに，思いや意図に合った表現をするために必要な，歌声や伴奏を聴いて，声を合わせて歌う技能を身に付ける。

○「越天楽今様」の音色，旋律，音の重なり，フレーズを聴き取り，それらの働きが生み出すよさや面白さ，美しさを感じ取りながら，聴き取ったことと感じ取ったこととの関わりについて考え，旋律の動きや歌詞の情景を生かした表現を工夫し，どのように歌うかについて，思いや意図をもつ。

○「越天楽今様」の曲の特徴と工夫して表現する学習に興味・関心をもち，音楽活動を楽しみながら，主体的・協働的に歌唱の学習活動に取り組み，我が国の伝統的な音楽に親しむ。

2 題材の特徴と学習指導要領との関連

❶ 本題材で扱う教材「越天楽今様」の特徴

　数ある雅楽の中で，最も広く知られている曲が「越天楽」です。その旋律に歌詞を付けたものが「越天楽今様」（日本古謡，慈鎮和尚作歌）です。「越天楽今様」は，半音を含まない日本の音階からなる，簡潔で優雅な旋律をもつ端正な形式の曲です。四季を感じ取れる歌詞からは，平安時代の貴族社会の優雅さを垣間見ることができます。歌詞の七五調リズムを感じ取ったり，旋律の雰囲気を生かした歌い方を工夫したり，拍のゆれを味わったりすることができます。

❷ 「日本の音楽の特ちょうを感じ取って歌う」学習の位置付け

　今回の学習指導要領の改訂の基本的な考え方には，「我が国や郷土の音楽に親しみ，よさを一層味わうことができるよう，和楽器を含む我が国や郷土の音楽の充実を図る」ことが示されています。越天楽今様は，音楽の構造を理解しやすく，聴いたり表現したりする活動を深めやすい曲です。本題材は，歌唱の学習を深めていく題材ですが，日本の音楽のよさを豊かに感じ取りながら表現できるように，雅楽「越天楽」を聴いたり，日本の笛の演奏の仕方でリコーダーを演奏したりする活動などを取り入れています。

3 主体的・対話的で深い学びの視点による題材構成のポイント

❶ 「越天楽今様」の歌唱表現の幅を広げるために「聴く」活動を取り入れる

　児童が表現方法を工夫するためには，曲の特徴を捉えることが大切です。そのために，「雅楽『越天楽』」がどのような特徴の曲なのかを「聴く」活動を取り入れることが有効です。雅楽を聴いて，また歌唱表現に戻るなどの活動を繰り返すことは，自分たちの演奏を客観的に振り返ったり，次のめあてにつなげたりすることになります。その際，「雅楽『越天楽』」の鑑賞は，歌唱の学びを深めるための「聴く」活動であることを教師が意識して，部分的に児童に提示するなど，目的をはっきりさせておくことが深い学びの実現につながります。

❷ 主体的に互いの表現を聴き合えるような場の設定の工夫をする

　グループ学習において，子供同士で試行錯誤する場面をつくるためには，教師側の意図的な問いかけや場の設定を工夫することが大切です。歌ったり演奏したりして表現したことを聴き合うために，グループを半分に分けたり，聴き役をつくって互いに助言したりするなどの場の設定が考えられます。その際，何のためにその活動を行っているのかを，児童が理解できるようにすることが大切です。グループで聴き合うことの必要感を児童にもたせるようにすることが，対話的な学びの充実に必要なポイントです。

❸ 友達と協働しながら音楽表現を工夫し，我が国の音楽の表現に浸る

　高学年の児童は，自らの演奏のよさを客観的に判断することができるようになります。そのため，我が国の音楽の特徴を理解し，歌ったり演奏したりすることができるようにすることが重要です。児童がそれぞれの役割に合わせて表現し，声部を重ねるよさを味わえるようにするために，パートごとの役割を確認したり，一部のパートを重ねたりしながら歌ったり，演奏したりする中で，我が国の音楽に浸ることができるようにしていきます。

4 題材の評価規準

知識・技能	思考・判断・表現	主体的に学習に取り組む態度
知 「越天楽今様」の曲想と音楽の構造や歌詞の内容との関わりについて理解している。 技 思いや意図に合った表現をするために必要な，歌声や伴奏を聴いて，声を合わせて歌う技能を身に付けて歌っている。	思 「越天楽今様」の音色，旋律，音の重なり，フレーズを聴き取り，それらの働きが生み出すよさや面白さ，美しさを感じ取りながら，曲の特徴にふさわしい表現を工夫し，どのように表現するかについて思いや意図をもっている。	態 「越天楽今様」の曲の特徴を工夫して表現する学習に興味・関心をもち，音楽活動を楽しみながら，主体的・協働的に歌唱の学習活動に取り組もうとしている。

5 指導と評価の計画（全3時間）

次	○学習内容	指導上の留意事項	評価規準
第一次（第1時）	**ねらい**：「越天楽今様」の旋律の特徴を捉え，歌詞の表す情景を思い浮かべながら歌う。		
	○範唱を聴いて曲全体の雰囲気を捉える。 ○絵巻を参考に，平安時代の春や夏の情景を共有し，歌詞の情景を捉える。 ○「ラ」で歌い，旋律を確かめる。 ○「雅楽『越天楽』」の和楽器の音色を味わって聴く。 ○旋律の特徴を捉えて「越天楽今様」を歌う。	・日本の音楽を聴いて，感じ取ったことを共有させる。 ・社会科で学習した平安時代の貴族の暮らしを想起させ，歌詞の情景を共有する。 ・雅楽奏者の演奏形態の写真を見たり，演奏している動画を見たりして，和楽器の音色を味わえるようにする。 ・日本の旋律を確認しながら歌わせる。	
第二次（第2時）	**ねらい**：「越天楽今様」の旋律の特徴を捉え，歌とリコーダー，伴奏を合わせて表現を工夫する。		
	○旋律の特徴を捉えて，歌い方の工夫をする。 ○今様の歌詞が七五のリズムでできていることや情景を確認し，雅楽「越天楽」の旋律を思い出しながら歌う。 ○旋律の動きや音色を意識して曲の特徴を捉えた表現を工夫して歌う。	・旋律を「ラ」で歌ったり，歌詞で歌ったりして前時の学習を想起させる。 ・歌詞を読み，語感を捉えさせる。 ・フレーズと七五のリズムが一致していることを確認する。 ・歌詞の語感とフレーズが一致していることを感じながら歌えるように助言する。 ・日本の音楽の特徴を捉え，それに応じた歌い方を工夫するように助言する。	知 技
（第3時）	○前時に確認したフレーズ，音色などに気を付けて伴奏に合わせて歌う。 ○日本の笛の奏法でリコーダーの旋律を演奏する。 ○グループごとに「越天楽今様」の表現の仕方を工夫する。 ○グループごとに工夫した越天楽今様を発表し合う。 ○学習を振り返る。	・前時までの学習を想起できるよう助言する。 ・「タンギングをしない」「指をすべらせて音程を変化させる」などの奏法を体験させる。 ・聴き役をつくったり，パートごとに聴き合ったりするなど，互いに助言し合える場を設定する。 ・ICT機器で録音し，表現を聴く。 ・表現の工夫をしたところを中心に聴き合うように助言する。 ・日本の音楽の特徴と，表現して感じたよさを共有できるようにする。	思 態

6 本時の流れ（3／3時間）

○学習内容　・学習活動	教師の主な発問と子供の状況例	評価規準と評価方法
ねらい：「越天楽今様」の旋律の特徴を捉え，歌とリコーダー，伴奏を合わせて表現を工夫する。		
○前時に確認したフレーズ，音色などに気を付けて伴奏に合わせて歌う。 ・音高やフレーズに気を付けて「ラ」で歌う。 ・歌詞の情景を想像しながら，歌詞で歌う。 ・情景に合わせた歌い方を確認する。 ○日本の笛の奏法を生かしてリコーダーの旋律を演奏する。 ・リコーダーの旋律を演奏し，慣れたら，音の出し方を工夫する。 ・タンギングをしないで演奏する。 ・指をすべらせて音高を変える。 ・指孔を指で軽く打つようにして，短く音を入れる。	「前の学習で確認した七五調のリズムや旋律，声の出し方に気を付けて歌いましょう」 ・なめらかな旋律だから，やわらかい声で歌いたいな。 ・春の明け方の様子や，夏の雨の様子を想像して歌おう。 「『越天楽今様』に合った奏法でリコーダーを演奏しましょう」 ・雅楽「越天楽」を聴いたときの，龍笛の音みたいに演奏したいな。 ・いつもの音楽とは雰囲気が変わるね。 ・今様と合わせて演奏してみたいな。	
○グループごとに「越天楽今様」の表現の仕方を工夫する。 ・声の出し方，旋律の動き，フレーズなどに気を付けて演奏を工夫する。 ・歌，リコーダー，伴奏の音の重なりを感じて歌ったり，演奏したりする。 ・演奏を録音したり，聴き役をつくったりしながら，助言し合う。 ○グループごとに工夫した越天楽今様を発表し合う。 ・表現の工夫をしたところを演奏したり，聴いたりする。	「これまで学習してきた日本の音楽の特徴を生かして，グループで歌い方やリコーダーの演奏の仕方を工夫しましょう」 ・歌とリコーダーが重なると「越天楽」の雰囲気に近付いてくるね。 ・主旋律は歌だから，リコーダーの副次的な旋律は，歌を飾るように演奏したいな。 ・グループの演奏を録音して，聴いてみよう。 ・聴き役をつくって演奏し合おう。 「グループごとに，表現を工夫したところを発表して演奏しましょう」 ・歌をかざるようにリコーダーの旋律を重ねて演奏する工夫をしました。	思 発言 演奏 観察 ワークシート
○学習を振り返る。 ・「越天楽今様」など我が国の音楽の特徴と，表現して感じたよさを振り返る。	「学習を通して感じた『越天楽今様』など我が国の音楽のよさや，それに応じた表現の仕方を振り返りましょう」	態 発言，演奏，観察 ワークシート

7 授業づくりのポイント

❶「歌唱」の学習を深めるために「器楽」の活動を取り入れる

　児童が音楽表現を工夫したり，音楽を聴いて自分にとっての音楽のよさを見いだしたりするためには，音楽を形づくっている要素を聴き取り，それらの働きが生み出すよさや面白さ，美しさを感じ取りながら，聴き取ったことと感じ取ったこととの関わりについて考えることが支えとなります。そのために，「越天楽今様」を歌ったり，和楽器（笛）の演奏の仕方に合わせてリコーダーを演奏したりするなど，幅広い音楽活動を展開することが効果的です。

　原曲を聴き，歌唱や器楽で表現し，その後にまた鑑賞したり表現したりすることを繰り返すことで，児童が新たな発見をしながら，表現上の課題を見いだすことができます。

　このように，児童が音楽的な見方・考え方を働かせ，複数の領域・分野を効果的に関連させた学習によって，音楽科で育成を目指す資質・能力が着実に育成されるのです。

❷ 主体的に学び合うために演奏形態を工夫する

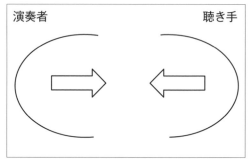

　児童が自ら音楽に関わっていくためには，児童が主体的に学び合うための演奏形態を工夫することが大切です。音や音楽，言葉によるコミュニケーションをとるために，グループを半分に分けて，互いの演奏を聴き合ったり，同じパートを抽出して聴いたり，全体のバランスを聴くために聴き役をつくったりするなどの形態が考えられます。

　いずれの場合も，何のために聴き合うのかを児童が理解した上で，歌ったり演奏したり，聴いたりできるように，教師が問いかけることが大切です。

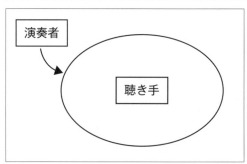

❸ 客観的に演奏を聴き，次の表現へと生かす

　児童が表現の高まりを感じ取るには，客観的に演奏を聴くことも必要です。演奏を ICT 機器などで録音して記録しておき，最初の演奏と次時の演奏を聴き比べたり，グループ学習で聴き比べたりするなどの活動で，演奏のよさに気付いたり，次の課題を見付けたりすることができます。その際には，ICT 機器の操作が目的にならないように気を付け，どのように用いるのが効果的かを教師が考え，活用を工夫していきましょう。

❹ 発表するねらいを明確にする

　学習のまとめのグループ発表は，よく取り入れられる活動の一つです。その際に，これまでに学習してきた表現の工夫を，児童一人一人が意識をもって発表することが大切です。この曲を，このように表現したいという思いをもち，どう表現するかという意図を考えることは学習のねらいであり，児童の課題ともなります。

　発表する際は，演奏者がどのような思いをもち，歌唱や器楽の表現をしようとしているのか，グループで音の重ね方を工夫したことなどを伝えて発表します。また，聴き手が聴くポイントを明確にしたり，表現する児童の意識を統一したりすることが大切です。このようにねらいを明確にして発表することが，児童の学習を振り返る活動へつながります。

❺ 課題を振り返り，次の学習へつなげる

　一時間ごとの振り返りを大切にすることは，次の学びにつながる重要な活動の一つです。また，題材の終わりの振り返りは，次時へのつながりとともに，次の同じような学習につながることになります。

　個での表現や，友達と一緒に行った表現を総合的に振り返り，身に付けたことや学習の中で考えたことを次の学習へつなげていきましょう。自分が身に付けたことや考えたことが次の表現で生かされたことが実感できると，充実した学習となります。

　教師が一人一人の振り返りを見取り，その価値付けを行うことも，次の学習への意欲の高まりを促すことになります。児童が達成感を得られる学習の終末を目指したいです。

（上石　千鶴）

♪音楽学習カード♪
6年　組（　　　　　　）

「学習の主題」	「我が国や諸外国の音楽の特徴を感じ取ろう」
楽曲名	越天楽今様・雅楽「越天楽」

◎雅楽「越天楽」から聴き取った日本の音楽の特徴から、感じたことを書きましょう。

◎ふりかえりを書きましょう。
雅楽特有の旋律の動きや速度、拍のゆれ、音の重なりなどを味わって聴けた。（◎　○　△）

◎旋律の特徴に合わせて、表現の工夫をしましょう。
○歌の工夫

○リコーダーの演奏の工夫

◎ふりかえりを書きましょう。
歌詞の内容を理解しながら、旋律の特徴を感じ取って歌った。（◎　○　△）
日本の音楽の特徴を感じてリコーダーを演奏できた。（◎　○　△）

---

5 歌詞と音楽との関わりを味わおう

本題材で扱う学習指導要領の内容

2内容　A表現　(1)歌唱ア，イ，ウ(イ)(ウ)　〔共通事項〕(1)ア

思考・判断のよりどころとなる主な音楽を形づくっている要素：旋律，強弱，フレーズ，音楽の縦と横との関係（二つの旋律の重なり方）

1 題材の目標

○「ふるさと」の曲想と音楽の構造や歌詞の内容との関わりについて理解するとともに，思いや意図に合った表現をするために必要な技能を身に付ける。

○「ふるさと」の旋律，強弱，フレーズ，音楽の縦と横との関係（二つの旋律の重なり方）を聴き取り，それらの働きが生み出すよさや面白さ，美しさを感じ取りながら，聴き取ったことと感じ取ったこととの関わりについて考え，曲の特徴にふさわしい表現を工夫し，どのように歌うのかについて思いや意図をもつ。

○「ふるさと」の歌詞や音楽の特徴にふさわしい表現を工夫する学習に興味・関心をもち，音楽活動を楽しみながら主体的・協働的に歌唱の学習活動に取り組み，二部合唱に親しむ。

2 題材の特徴と学習指導要領との関連

❶ 本題材で扱う教材「ふるさと」の特徴

　昭和33年より一貫して歌唱共通教材に指定されている「ふるさと」（高野辰之作詞，岡野貞一作曲）。近年では，故郷の復興を願う人々の思いから，様々な場面で歌われ，多くの人々に歌い継がれ，愛されています。4分の3拍子，Moderato，16小節，3番の歌詞からなります。本題材では，二部合唱で扱います。曲全体は4段の楽譜（4小節を1段で表記）として表されます。1・2段目はソプラノとアルトが同じ音から始まり同じリズムで和声的に重なり，2段目の終わりではいったん同じ音で終わります。次の3段目では，歌詞の気持ちの変化が追いかけて重なる音で表されています。最後の4段目は，ソプラノの高い持続音にアルトの下降形の音が重なることで，和音の変化によって生じる曲想の盛り上がりを感じ取ることができます。

❷ 「思いや意図に合った表現」をするための工夫

　「ふるさと」の曲の特徴（二部合唱）にふさわしい歌唱表現をするためには，各声部の歌声や響き，伴奏を聴いて，声を合わせて歌う技能を身に付けることができるよう指導を工夫することが求められています。ソプラノ，アルトそれぞれの音を正しく歌えるように練習し，お互いの歌声をよく聴き合って，つられずに歌えるようになることが，第一歩となります。

3 主体的・対話的で深い学びの視点による題材構成のポイント

❶ 「ふるさと」に対する個々の思いを取り上げ，認め合いながら授業を展開する

　「ふるさと」の歌詞は，100年以上前につくられたので，現代の生活や社会とはかけ離れた点が多くあります。しかしながら，幼少時代の記憶を懐かしむ思い，家族を大事にする思い，将来への決意など，今の時代もなお変わることのない人々の思いが詰まっています。東日本大震災を機に，多くの児童がこの曲を聴く機会が増えています。その思いにしっかりと向き合っていくことが学びに深まりにつながります。「ふるさと」の歌詞の内容には，道徳科の「第2　内容」の内容項目のうち，A5希望と勇気，努力と強い意思，B10友情，信頼，C15家族愛，家庭生活の充実，C17伝統と文化の尊重，国や郷土を愛する態度に関わる内容が含まれています。

❷ 表現したい歌い方を可視化し，グループで表現するなど共有する場面を設定する

　クラスの中には，歌うことに対する苦手意識が強く，思い切り歌えない児童がいるものです。そんな児童でも「こう歌いたい」という思いはもっているものです。児童の学びを充実させるためには，思いや意図を文字や記号で表して可視化し，対話的な学びを通してグループ内で共有していくことが大切です。

❸ 思いを共有し，高め合う過程を大切にすることで，表現するよさを見いだす

　表現の工夫の場面では，一人一人の児童が，自分の好きなフレーズを選びます。同じフレーズを選んだ友達でグループをつくり，曲の音楽的な特徴，歌声，強弱の変化の仕方，フレーズの取り方などについて交流し合いながら，音楽表現を高めていきます。主体的な学び，対話的な学びを大切にした学習指導を工夫しています。

4 題材の評価規準

知識・技能	思考・判断・表現	主体的に学習に取り組む態度
知 「ふるさと」の曲想と音楽の構造や歌詞の内容との関わりについて理解している。 技 思いや意図に合った表現をするために必要な，呼吸及び発音の仕方に気を付けて，自然で無理のない，響きの歌い方で歌う技能，各声部の歌声や全体の響き，伴奏を聴いて，声を合わせて歌う技能を身に付けて歌っている。	思 「ふるさと」の旋律，強弱，フレーズ，音楽の縦と横との関係を聴き取り，それらの働きが生み出すよさや面白さ，美しさを感じ取りながら，聴き取ったことと感じ取ったこととの関わりについて考え，曲の特徴にふさわしい表現を工夫し，どのように歌うのかについて思いや意図をもっている。	態 「ふるさと」の歌詞や音楽の特徴にふさわしい表現を工夫する学習に興味・関心をもち，音楽活動を楽しみながら主体的・協働的に歌唱の学習活動に取り組もうとしている。

5 指導と評価の計画（全5時間）

次	○学習内容	指導上の留意事項	評価規準
第一次（第1時）	**ねらい**：曲想と音楽の構造や歌詞の内容との関わりについて理解するとともに，音楽の特徴を意識して二部合唱をする。		
第一次（第1時）	○1～3番の歌詞の表す情景や気持ちを想像しながら，主旋律を歌う。 ○旋律の動きやフレーズを意識し，曲の山を感じ取って主旋律を歌う。	・多くの人に長く歌い継がれてきた理由や，震災後，歌われる機会が増えたのはなぜか，を考えさせる。 ・3段目のリズム，4段目の曲の山を意識しながら範唱に合わせて歌うようにする。	
（第2時）	○副次的な旋律を歌う。 ○主旋律，副次的な旋律を覚えて二部合唱する。	・主旋律との重なり方を確認して音取りをする。 ・4段目の出だしのところなど，音程が取りにくいところは，取り出して練習する。	知
第二次（第3時）	**ねらい**：「ふるさと」の歌詞の内容や音楽の特徴を捉えた表現を工夫して，二部合唱をする。		
第二次（第3時）	○歌詞に込められた思いを確認し，工夫に取り組みたい好きな歌詞の，好きな部分の8小節（前半か後半）を選び，自分の考えをワークシートに書く。 ○児童が書いたものを，教材提示装置でスクリーンに映し，クラス全員で歌う。	・1番は「過去，思い出」，2番は「現在，愛，募る思い」，3番は「未来，決意，志」などを表していることを押さえる。 ・歌詞の内容や旋律の特徴にふさわしい表現を考えるように促すとともに，書き方の例を示す。 ・児童の考えで，クラス全体の歌声がどう変わるかを体感させる。（2～3名取り上げる） ・ワークシートを回収し，誰がどの部分を書いたのかまとめ，次時のグルーピングをする。	
（第4時）	○同じ8小節を選んだもの同士のグループ（1番，2番，3番）で，表現を工夫して意見をまとめるとともに，思いや意図をもって歌唱表現を高める。	・グループのワークシートか，タブレットのソフトにまとめる。 ・グループ練習のときは，副次的な旋律の音程を正しく取れるように，鍵盤楽器，音声再生装置，タブレットなど，音を確認できるものを用意する。	思
（第5時）	○グループごとに表現の工夫を発表し，互いに聴き合い，感想を交流する。 ○曲のよさを味わいながら，全員で二部合唱をする。 ○題材の学習を振り返る。	・グループのワークシートなどを教材提示装置でスクリーンに映しながら発表させる。 ・互いの響きを感じながら，二部合唱をする。 ・何を学んだかを意識して振り返るようにさせる。	技 態

6 本時の流れ（4／5時間）

○学習内容　・学習活動	教師の主な発問と子供の状況例	評価規準と評価方法
ねらい：「ふるさと」の歌詞の内容や音楽の特徴を捉えた表現を工夫して，二部合唱をする。		
○旋律の特徴を捉えて二部合唱をする。 ・前時に確認したことを思い出し，クラス全員で二部合唱をする。 ・歌詞の内容と旋律の動きの関わりやフレーズを意識して，各グループで，担当部分の音楽の特徴にふさわしい表現を工夫することを共有する。	「和声的に重なる部分，追いかけて重なる部分を意識して歌いましょう」 ・3段目のリズムに気を付けよう。 ・4段目の曲の山を意識しながら歌おう。 「前の時間に，各自で考えた工夫するところを意識して歌ってみましょう」 ・強弱や発音に気を付けて歌ってみよう。	
○本時の内容を確認する。 ・曲の「思い」を表現するため，どのような工夫が必要なのかについて，同じ歌詞を選んだ児童でグループをつくって考える。	「ふるさとの思いを表現するとき，例えば…」と例示（次頁「歌詞の内容を確認」）する。 ・1番2番3番それぞれ違いがあるんだな。 ・工夫の表し方がいろいろあって面白い。	
○各グループで歌詞の内容や音楽の特徴にあった表現を考え，ワークシートに記入するとともに，思いが伝わるように歌唱表現を高める。 ・グループのメンバーで，役割分担をする。（リーダー，書記，指揮，ソプラノアルト）	「グループごとに思いを一つにして，歌い方をまとめましょう」 ・紙のワークシートか，ソフト（タブレット機器使用）にまとめる。 「できればソプラノとアルトで音を重ねてみましょう」 ・オルガンで正しく音を確認しよう。 ・自分たちの思いが伝わるように，指揮をしよう。	思 ワークシート 発言
○次の時間までの課題を把握する。 ・ワークシートを印刷して配布。朝の会などでグループごとに練習してくるよう伝える。	「次の時間は，グループごとに発表し，お互いによいところを交流したいと思います。そして，最終的には，6年○組さんの『ふるさと』の表現を完成させましょう」	

7 授業づくりのポイント

❶ 「なぜこう歌いたいのか」という思いを大切にした上で表現する

曲の特徴にふさわしい表現を工夫できるようにするためには，1番，2番，3番の歌詞を十分に理解し，味わうことが重要です。そのために児童と対話をしながら，歌詞の内容を確認し共有します。その上で，自分たちが表現を深めたい歌詞（1番〜3番）を選び，それはなぜか，歌詞にこめられた思いを伝えたいから，こう表現したい，それにはこんな方法（技）が有効ではないか，という順序で考えを深めていくようにします。

一方，「こう歌いたい」という思いや意図をもつようにするためには，そのためのポイント「こう歌いたい」（右記）を示して児童がつくるワークシートの具体的なイメージをもてるようにすることも大切です。

歌詞の内容を確認（かくにん）

1番→幼いころの楽しかった思い出
　　　美しい自然　忘れられない　　　　思い出｜過去

2番→父母や友だちを心配している
　　　ふるさとのことを心配している　　　愛情｜現在

3番→決意を表している　夢をかなえたら帰ろう
　　　今の自分の心の支えとなっている，ふるさと　　決意｜未来

「こう歌いたい！！」

・実体験にもとづくイメージをもとう
・強弱（フォルテ・ピアノ・クレッシェンド・デクレッシェンドなど）は、楽譜に示されています
・発音の記号や、色分けなど、効果的に使おう
・歌ってみてわかることもたくさんある（息を吸うところ、タイミングがむずかしい、など）

☆鉄則追加！！言葉の（単語の）頭の文字を意識して歌うこと。

❷ 「歌いたい」ポイントのワークシートをつくる―目で見て分かりやすいものに―

表現の工夫の中味を高め，友達と共有，交流するためには，どのように表現するのかを分かりやすく示すことが大切です。具体的には，次のようなことです。「強弱は，文字の大きさで表す」，「のばす部分は，のばす母音をたくさん並べる」，「子音をはっきりする部分は，アンダーラインを引いたり，字体を工夫したり，アルファベット表記にしたりする」，「感情を表すには，文字の色を変えたり，歌詞の近くに絵を描いたりする」，「ブレスの場所は，Ｖの字を書いたり，吹き出しで添えたりする」などです。

タブレット機器のソフトの環境が整い，教師や児童が操作に慣れているのであれば，タブレット機器を用いて作成することも考えられます。

ここでは，児童の手書きのワークシート例を紹介します。

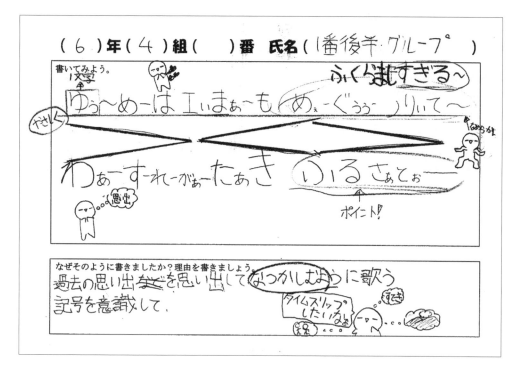

教師の側から表し方について少し提案すると，児童は自分でどんどん書き方を工夫していきます。そして，自分たちの歌唱表現をもっと高めていこうと，グループのメンバーが一体となり，主体的に取り組みます。

実際に歌わせてみると，児童の歌声の変化に驚きます。

❸ 個人→グループ→クラス全体→学年全体→学校全体で表現する

音楽の学習を充実していくためには，まず一人一人が曲に向き合い，曲の特徴を捉えながら，表したい思いや意図をもつことが前提です。それが必ずしも十分なものでなくても，一人一人が主体的に音楽表現に向き合ったことが，グループでの協働的な学び，クラス全体での学びを豊かなものにしていきます。

加えて，各グループが本気で取り組むことが，他のグループの工夫のよさに共感することにつながり，クラス全体の表現をよくしていこうという，学びに向かう力の育成につながります。

このような力が身に付いていくことは，音楽集会や音楽発表会などで，学年全体，学校全体で表現をつくっていく学習にも，よい効果をもたらします。

（田村　菜穂子）

6 いろいろな楽器の音が重なり合うひびきを楽しもう

学年・活動 **第5学年・器楽**　　主な教材 **「リボンのおどり」**

本題材で扱う学習指導要領の内容

2内容　A表現　⑵器楽ア，イ(ア)(イ)，ウ(イ)　〔共通事項〕⑴ア

思考・判断のよりどころとなる主な音楽を形づくっている要素：音色，リズム，音楽の縦と横との関係（各声部の重なり方）

1 題材の目標

○「リボンのおどり」の曲想と音楽の構造との関わりなどについて理解するとともに，表したい音楽表現をするために必要な，旋律楽器及び打楽器を演奏する技能を身に付ける。

○「リボンのおどり」の音色，リズム，音楽の縦と横との関係（各声部の重なり方）などについて，聴き取ったことと感じ取ったこととの関わりについて考え，曲の特徴にふさわしい表現を工夫し，どのように演奏するかについて思いや意図をもつ。

○楽器の重ね方や演奏の仕方などの表現の工夫に興味・関心をもち，音楽活動を楽しみながら主体的・協働的に器楽の学習活動に取り組み，器楽合奏に親しむ。

2 題材の特徴と学習指導要領との関連

❶ 本題材で扱う教材「リボンのおどり」の特徴

「リボンのおどり」（メキシコ民謡，原由多加編曲）は，メキシコの民謡を基にしてつくられた「ラ バンバ」を原曲とし，付点やシンコペーションのリズムが，独特なユーモアを生み出している器楽曲です。児童が取り組みやすいように，各パートは4小節程度の繰り返しを含んだ短い旋律で編曲されています。また，楽器の種類やパートの組合せ，反復の回数などを自由に選択できるよう，打楽器を含めた7つのパートで構成されています。思いや意図をもって楽器の重ね方や演奏の仕方を工夫し，いろいろな楽器の音色が重なり合う響きを楽しむ学習に適した教材といえます。

❷「多様な楽器の音色や響きと演奏の仕方との関わりを理解する」学習の位置付け

この内容は，学習指導要領における器楽イ(イ)に位置付けられ，器楽分野の「知識」に関する資質・能力として示されています。それぞれの楽器固有の音色に気付くだけでなく，演奏の仕方や楽器の組合せなどを工夫することによって音色や響きが変化することを，様々な演奏の仕方を試す過程において理解することが求められています。

本題材では，思いに合った表現を工夫する中で，様々な楽器の重ね方や演奏の仕方を試し，楽器の音色や響きと演奏の仕方との関わりを実感できるように留意しました。

3 主体的・対話的で深い学びの視点による題材構成のポイント

❶ 音楽的な見方・考え方を働かせる学習活動を設定する

　このように表したいという思いや意図をもつことで，児童は主体的に学習に取り組むことができます。そこで大切なのが，音楽科の特質に応じた見方・考え方を働かせることです。例えば，各パートの旋律やリズムの特徴から受けるイメージを考えさせたり，楽器の重ね方や演奏の仕方によって生まれる感じ方の違いを捉えさせたりする時間を設定します。「鉄琴のパートはなめらかな旋律だから，落ち着いた感じがする」「マレットをプラスチックから毛糸に変えるとやわらかい音色になる」といったように，音楽的な見方・考え方を働かせて何度も聴いたり試したりする中で，資質・能力が育成されるのです。

　このような学習活動を通して，「曲の最後は静かに終わりたいから，鉄琴とオルガンを弱くやさしい音色で重ねよう」といったように，音楽表現に対する思いや意図をもち，表現方法を工夫する児童の姿が見られるようになります。

❷ 他者と協働しながら感じ方や考え方を深める場を設定する

　曲の表現に対する思いを膨らませた後は，グループで音楽表現を考える活動を取り入れます。自分の思いを伝えて友達の意見と比較したり，お互いの意見を擦り合わせながら表現を再構築したりすることで，一人では成し得ない音楽の授業ならではの表現が生まれます。

　ここでは，付箋やワークシートを活用し，いろいろな楽器の重ね方を試したり，表したいイメージや工夫点を書き込んだりできるように配慮しました。互いに試しながら，表現方法を記した付箋を貼ったり剥がしたりする中で，音や音楽及び言葉によるコミュニケーションが生まれ，音楽的な感じ方や考え方を深めることができます。

　教師は，各グループの音楽の方向性を的確に捉え，思いや意図を整理したり，さらに発展的な視点を与えたりする必要があります。完成した音楽表現を価値付け，全体でよさを認め合う場を設定することも，教師の大事な役割と言えるでしょう。

4 題材の評価規準

知識・技能	思考・判断・表現	主体的に学習に取り組む態度
知① 「リボンのおどり」の曲想と音楽の構造との関わりについて理解している。 知② 楽器の音色や響きと演奏の仕方との関わりについて理解している。 技 表したい音楽表現をするために必要な，旋律楽器及び打楽器を演奏する技能を身に付けて演奏している。	思 音色，リズム，音楽の縦と横との関係などを聴き取り，それらの働きが生み出すよさや面白さを感じ取りながら，聴き取ったことと感じ取ったこととの関わりについて考え，曲の特徴にふさわしい表現を工夫し，どのように演奏するかについて思いや意図をもっている。	態 楽器の重ね方や演奏の仕方などの表現の工夫に興味・関心をもち，音楽活動を楽しみながら，主体的・協働的に器楽の学習活動に取り組もうとしている。

5 指導と評価の計画（全4時間）

次	○学習内容	指導上の留意事項	評価規準
	ねらい：「リボンのおどり」の曲想を感じ取り，各パートの旋律の特徴をつかんで演奏する。		
第一次（第1時）	○「リボンのおどり」の原曲「ラバンバ」を鑑賞し，感じた雰囲気について話し合う。 ○「リボンのおどり」の範奏を聴き，曲全体の感じをつかむ。 ○教師による各パートの範奏を聴き，それぞれどんな感じがしたか話し合う。 ○各パートの旋律を階名唱したり，手拍子で打ったりする。	・リズミカルなラテン音楽に触れさせることで，今後の活動に対する期待を膨らませる。 ・各パートの楽器の音色や旋律の特徴，全体における役割などに対する意見を拡大譜に書き留め，演奏を工夫する活動の際に活用できるようにする。	知①
（第2時）	○グループで演奏する楽器を決めて練習する。 ○全員で合奏し，全体の響きを感じ取る。 ○各グループで演奏する。	・まずは各グループから同じ楽器ごとに集まり，「手拍子しながら階名唱→実際に楽器で演奏」の順に演奏する。 ・互いの音を聴き合い，テンポを合わせて演奏することを助言する。	
	ねらい：いろいろな楽器の音が重なり合う響きの変化の面白さを生かして，表現を工夫する。		知②
第二次（第3時）	○楽器の重ね方や演奏の仕方の違いによる，響きやイメージの違いについて考える。 ○楽器の重ね方を工夫し，グループ合奏のイメージをつくる。 ○イメージに合うように，強弱や音色などの演奏の仕方を工夫する。 ○中間発表を行う。	・数名を取り出して2～3通りの重ね方で演奏させ，響きの違いを実感させる。 ・重ね方を図形を使って提示し，視覚的に理解できるようにする。 ・グループごとにワークシートを準備し，重ね方を付箋で貼ったり，演奏の工夫やイメージを書き込んだりできるようにする。 ・互いにアドバイスを伝え合うようにする。	思
（第4時）	○アドバイスを生かして，最終的なグループの表現を決定する。 ○発表会を行う。 ○楽器の重ね方や演奏の仕方を工夫してつくられた曲を聴く。	・聴き手には，各グループの工夫点が生み出すよさや面白さを見つけながら聴くことを助言し，気付いたことを発表させる。 ・ジャズの名曲「Sing, Sing, Sing」を聴かせ，学習を生活や社会の中の音楽とつなげる。	技 態

6 本時の流れ（3／4時間）

○学習内容　・学習活動	教師の主な発問と子供の状況例	評価規準と評価方法
ねらい：いろいろな楽器の音が重なり合う響きの変化の面白さを生かして，表現を工夫する。		
○前時までを振り返る。 ・各パートの旋律の特徴を確認する。 ・全員で合奏し，全体の響きを味わう。	「それぞれのパートにはどんな特徴があったでしょう」 ・木琴のリズムは細かくて忙しく動き回る感じだけど，鉄琴のリズムはゆったりしているね。	
○友達による範奏を聴き，楽器の重ね方や演奏の仕方の違いによる，響きやイメージの違いについて考える。 ①楽器がだんだん増えていく。 ②2つ以上の楽器で交互に演奏するなどの重ね方で演奏し，聴き手は感じたことを発表する。	「代表の人に2通りの重ね方で演奏してもらいます。それぞれどんな感じがしますか」 ①最初は一人で寂しい感じだけれど，どんどん友達が増えてにぎやかになっていくよ。 ①強弱をつけるともっと盛り上がるよ。 ②木琴と鉄琴が会話しているみたい。 ②打楽器の音が大きすぎると会話が聞こえにくいね。	知② 発言 観察
・図形や絵を見て，重ね方や表したいパートの目立たせ方を確認する。	・自分のグループはどんなイメージで演奏しようかな。	
○グループに分かれて表現を工夫し，どのように楽器を重ねたり演奏の仕方を工夫したりするかについて思いや意図をもつ。 ・グループごとに始め―中―終わりをどんなイメージで表そうかという思いを共有する。 ・イメージに合った楽器の重ね方や演奏の仕方の工夫を考える。 ・実際に演奏して試しながらよりよい方法を探す。	「グループで話し合って，イメージに合った『リボンのおどり』をつくりましょう」 「ワークシートを利用して，始め―中―終わりのイメージを考えてから，それに合った楽器の重ね方や演奏の仕方を工夫するといいですよ」 ・お話をつくって，それに合わせた重ね方をいろいろ試してみたいな。 ・鳴らすバチや打ち方を変えると雰囲気が変わるよ。 ・速さがバラバラでそろわないときはどうすればいいかな。	思 演奏 観察 ワークシート
○中間発表を行う。 ・演奏の前に，始め―中―終わりの表したいイメージを伝える。	「発表を聴いた後は，よいところやアドバイスを伝え合いましょう」	

器楽

5年

7 授業づくりのポイント

❶ 思いや意図を育むために，各パートの旋律の特徴や役割を押さえる

既存の合奏曲を扱う際には，各パートの特徴をつかみ，曲の中における役割や，全体の響きにどのように影響しているのかを考えさせるようにしています。「リボンのおどり」の場合，過去に次のような意見が出ました。

> ・リコーダー，鍵盤①【主旋律】…陽気で明るいイメージ。ふわっと浮き上がるような独特なリズムが面白い。
> ・リコーダー，鍵盤②【副旋律】…①と同じリズム。少し低い音でハモっている。メロディーに厚みが出る。
> ・木琴【対旋律１】…リズムが細かく，木琴の硬く弾んだ音が忙しく動き回る感じ。
> ・鉄琴【対旋律２】…旋律やリズムがなめらかで，優しい鉄琴の音が包み込むような感じ。
> ・オルガン【低音】…低い音で音楽を支えている。力持ちのお父さんのような感じ。
> ・打楽器【伴奏】…タンブリンは弾んだリズム。一定の拍を刻む小太鼓があると安定した感じがする。
> ・ピアノ【伴奏】…和音を奏でているため華やか。低音に似たリズムが入っている。

このように，全体の場で各パートに対するイメージを膨らませたり，理解を深めたりします。出た意見を拡大譜に書き込んでおくと，工夫を考える際の手助けとなり，主体的に音と関わろうとする態度が育ちます。そして「始めは低いオルガンの音から静かに始まって，中間部は木琴やタンブリンの弾んだリズムで盛り上げていくイメージにしよう」といったように，思いや意図をもって表現を考える活動へとつながっていきます。

❷ 重ね方を図に表し，曲想と音楽の構造との関わりを視覚的に理解する

「木琴と鉄琴のパートを交互に演奏する」「少しずつ楽器を減らしていく」など，この曲では様々な楽器の重ね方の工夫が考えられます。しかし，一度生まれた音はその場に留まることができないのが音楽です。児童からいくつかアイデアが出たら，重ね方のバリエーションを図に表して視覚的に捉えやすくすることで，音楽が苦手な児童も前向きに参加することができます。また，「主役のパートを目立たせる」といった演奏上の工夫においても，大小を表した絵と音楽を一緒に提示することで，各パートの音量のバランスが理解しやすくなります。「アイネクライネナハトムジーク」などの既習曲を例に出し，いろいろな旋律の重なり方や強弱の面白さを再確認する方法もよいでしょう。与えすぎは児童の自由な発想を奪ってしまいますが，教師が少し手助けすることで児童のイメージはどんどん膨らみ，全員が安心して表現活動に参加することができます。

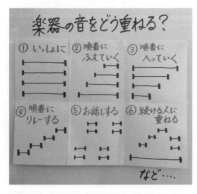

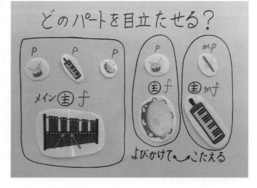

❸ ワークシートを活用して，音楽的な対話活動を支援する

　グループ活動の際には，使う楽器やパートの重ね方，演奏の仕方の工夫などが書き込めるワークシートを配布します。その際，
何回目にどのパートが演奏するかは，
話合いによって随時変化していくことが考えられます。そこで付箋を配布し，必要なところに貼ったり剥がしたりすることで，児童がいろいろな重ね方を考えたり試したりできるよう支援します。重ね方が決まったら，目立たせたいパートや強弱，イメージなどを書き込むことで，全体

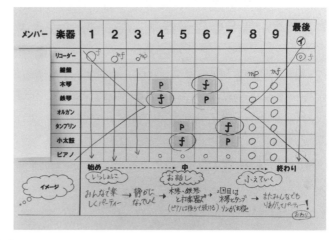

の構成を捉えて演奏することができます。

❹ 友達の発表を主体的に聴く工夫をする

　グループで表現の工夫が決まったら，いよいよ発表の時間です。その際，聴き手の児童が主体的に耳を傾けることができるよう，最初は重ね方などの工夫やイメージは伝えないで演奏させます。聴き手の児童には，「演奏をよく聴いて，工夫点を見付けたり，どんな様子が思い浮かぶかイメージしたりしながら聴いてごらん」と伝えます。すると児童はどんな重ね方や演奏の工夫があるのかを見付けようと，大変注意深く耳を傾けます。発表が終わると，「鉄琴のバチを毛糸からプラスチックに変えていて，音楽がどんどん盛り上がっていくのが面白かった」といったような，自分なりに見付けた演奏の工夫やイメージを述べることでしょう。その後で，実際のワークシートを掲示し，演奏した児童の思いを聴くと，「なるほど」という声が聞こえたり，「もう一度聴きたい！」というアンコールの声が上がったりします。

❺ 最後は他の曲とも関わらせ，生活の中の音楽とつなげる

　せっかくいろいろな音の重ね方や演奏の工夫を考えても，それが児童の生活を豊かにするものにならなければ寂しいものです。そこで今回は学習の最後に，ジャズの名曲「Sing, Sing, Sing」を映像で鑑賞させるようにしました。軽快な打楽器のリズムを皮切りに，トロンボーンの凛々しい音が重なり，サックスなどの木管楽器が主旋律になったり，トランペットなどの金管楽器と対話したり…。ここでの学習に関連した様々な手法が，1曲の至るところにちりばめられ，児童はきっと目を輝かせて聴き入ることでしょう。

　また，できれば「リボンのおどり」も有名な原曲「ラ バンバ」と関わらせて味わってほしいものです。授業の最後には，全員で原曲の主旋律と合わせて演奏させると，「ああ，こんなに面白い曲なんだ！」「合奏するのって楽しい！」といった，音楽を心から楽しむ態度が引き出せると思います。

（三好　麻里子）

7 全体のひびきをきいて，音を合わせて演そうしよう

学年・活動 第5学年・器楽　**主な教材**「こきょうの人々」

本題材で扱う学習指導要領の内容

2内容　Ａ表現　(2)器楽ア，イ(ア)，ウ(ア)(ウ)　〔共通事項〕(1)ア
思考・判断のよりどころとなる主な音楽を形づくっている要素：音楽の縦と横との関係
（旋律，和音の響きとその進行，低音との関係）

1 題材の目標

○「こきょうの人々」の曲想や音楽の構造との関わり，和音の構成音などについて理解すると
　ともに，思いや意図に合った表現をするために必要な技能を身に付ける。

○「こきょうの人々」の音楽の縦と横との関係を聴き取り，それらが生み出すよさや面白さ，
　美しさを感じ取りながら，聴き取ったことと感じ取ったこととの関わりについて考え，曲の
　特徴にふさわしい表現を工夫し，どのように演奏するかについて思いや意図をもつ。

○「こきょうの人々」の旋律，和音，低音の役割に興味・関心をもち，音楽活動を楽しみなが
　ら主体的，協働的に器楽の学習活動に取り組み，器楽合奏に親しむ。

2 題材の特徴と学習指導要領との関連

❶ 本題材で扱う教材「こきょうの人々」の特徴

　ハ長調の主要和音で構成されている「こきょうの人々」（勝承夫作詞，フォスター作曲，吉
原順編曲）は，旋律と，和音の響きとその進行，低音との関わりを捉えやすい教材曲です。

　和音の指導に当たっては，合唱や合奏などの活動を通して，和音の響きのもつ表情を感じ取
ることができるようにすることが大切です。本題材では，合奏の指導において，児童が，ハ長
調の基本となるI，IV，V，V₇の主要和音の美しい響きとその表情などを感じ取りながら，
曲想と音楽の構造との関わりを理解していきます。

❷「音を合わせて演奏する」学習の位置付け

　学習指導要領において「音を合わせて演奏する」活動は，器楽ウ(ウ)に「音を合わせて演奏す
る技能」として位置付けられ，第3学年及び第4学年からは「副次的な旋律」が加わり，第5
学年及び第6学年では，「各声部の音や全体の響きを聴き，音を合わせて演奏する技能」が求
められています。この「技能」とは，曲の特徴にふさわしい表現を工夫する過程で，このよう
に演奏したいという思いや意図に合った表現をするために必要な技能です。

3 主体的・対話的で深い学びの視点による題材構成のポイント

❶ 体を動かす活動とともに和音の響きのよさに気付く

Ⅰ，Ⅳ，Ⅴ，Ⅴ₇の和音の響きの違いを聴き取る際，響きから想像した体の動きと合わせてみることで，感じ方の違いを感覚として捉えさせるようにします。体を動かす活動を取り入れ，楽しみながら和音の響きの違いに耳を傾けるようにしていくことで，児童は主体的に学習に取り組むようになっていきます。

❷ 器楽合奏の編成を知り，グループで話し合いながら楽器を選択し，演奏する

器楽合奏では，合奏における楽器の構成や，それぞれの声部の役割を知り，役割にふさわしい楽器を選ぶことが大切です。学習指導要領には「合奏で扱う楽器については，各声部の役割を生かした演奏ができるよう，楽器の特性を生かして選択すること。」（第3　指導計画の作成と内容の取扱い2(5)オ）と示されています。和音の響きの美しさを感じるためには，どのような楽器で演奏したらよいか，また，響きを支えるにはどの音域の楽器を選ぶことが大切であるか，友達と意見を出し合いながら，楽器を選択することは，対話的な学びを実現することにもなります。

❸ 和音の知識を無理なく理解するため，和音の構成を一音ずつ確認しながら理解する

和音の指導では，和音に関する知識を感覚的に捉えた上で理解させていく指導が大切です。そのために，和音をハンドチャイムなどの楽器を使って演奏することで，和音の構成音を一音ずつ確認しながら演奏していくようにします。この活動を通して，それぞれの和音の響きと構成音を理解していくことが，深い学びにつながります。

4 題材の評価規準

知識・技能	思考・判断・表現	主体的に学習に取り組む態度
知 「こきょうの人々」の曲想と音楽の構造（旋律，和音の響きとその進行，低音の関係など）との関わりについて理解している。 技 思いや意図に合った表現をするために必要な，範奏を聴いたりハ長調の楽譜を見たりして演奏する技能，及び各声部の楽器の音や全体の響きを聴いて，音を合わせて演奏する技能を身に付けて演奏している。	思 「こきょうの人々」の音楽の縦と横との関係を聴き取り，それらの働きが生み出すよさや面白さ，美しさなどを感じ取りながら，曲の特徴にふさわしい表現を工夫し，どのように演奏するかについて思いや意図をもっている。	態 「こきょうの人々」の旋律，和音，低音の役割に興味・関心をもち，音楽活動を楽しみながら主体的・協働的に器楽の学習活動に取り組もうとしている。

器
楽
...
5
年

5 指導と評価の計画（全3時間）

次	○学習内容	指導上の留意事項	評価規準
第一次（第1時）	**ねらい**：「こきょうの人々」の曲の構成を捉え，旋律，和音，低音の関わりについて理解する。		
第一次（第1時）	○範唱や範奏を聴き，曲が主旋律と和音と低音で構成されていることを捉える。 ○ハ長調の楽譜を見て，主旋律を演奏する。 ○低音を演奏する。 ○主旋律と和音，主旋律と低音，和音と低音，それぞれの組合せで演奏して比べ，気付いたことについて話し合う。	・拡大楽譜を用意し，曲が旋律と和音と低音の構成になっていることを視覚的にも捉えることができるようにする。 ・楽譜を見て階名唱をしてから，主旋律を鍵盤ハーモニカで演奏するようにする。 ・ヘ音記号について理解できるようにする。 ・階名唱をしてから演奏できるようにする。 ・上手に演奏できている児童を何人か選び，それぞれの組合せで演奏してみる。	
（第2時）	○和音の響きに着目して学習する。 ○和音の響きを聴き，体を動かしながら響きを感じ取る。 ○曲が，Ⅰ，Ⅳ，Ⅴ，Ⅴ7の和音で構成されていることを理解する。 ○和音の響きの美しさを捉えながら演奏する。	・Ⅰ，Ⅳ，Ⅴ，Ⅴ7の和音の拡大掲示物を用意し，和音を構成している音についてていねいに指導する。 ・Ⅰ，Ⅳ，Ⅴ，Ⅴ7のもつ響きを，体を動かしながら体感できるようにする。 ・和音をハンドチャイムで一音ずつ重ねて演奏し，和音を構成する音の重なりについて理解できるようにする。 ・和音進行の表を見ながら5～6人のグループで和音をハンドチャイムで演奏する。	知
第二次（第3時）	**ねらい**：旋律と和音や低音の関わり合いが生み出すよさを感じ取って，パートの役割に合う楽器の組合せを工夫し，全体の響きを聴いて演奏する。		
第二次（第3時）	○範奏を聴いて，旋律と和音と低音の働きが生み出すよさを感じ取り，パートの役割に合う楽器の組合せを工夫する。 ○グループに分かれ，それぞれで決めた楽器で演奏する。 ○別のグループと互いに演奏を聴き合う。 ○グループごとに発表する。	・範奏を聴いて，和音や低音の役割に合う楽器を考え意見を出し合う。 ・パートの役割に合う楽器について思いや意図をもつ。 ・思いや意図に合うようにグループの人数を構成し，合奏する。 ・表したい思いや意図を伝え，それぞれのグループのよさやアドバイスを伝え合う。 ・音の重なりやバランスを意識して演奏する。	思 技 態

6 本時の流れ（3／3時間）

○学習内容　・学習活動	教師の主な発問と子供の状況例	評価規準と評価方法
ねらい：旋律と和音や低音の関わり合いが生み出すよさを感じ取って，パートの役割に合う楽器の組合せを工夫し，全体の響きを聴いて演奏する。		
○範奏を聴いて，旋律と和音と低音の働きが生み出すよさを感じ取る。 ・各パートにふさわしい楽器を考える。 ・パートの役割に合う楽器について思いや意図をもつ。 ・各パートの人数はバランスを考えて決める。	「範奏を聴いて和音や低音の役割について話し合いましょう」 ・和音は響きを豊かにしているね。 ・低音は，合奏を支えている響きだね。 「各パートには，どのような楽器がふさわしいでしょうか」 ・和音は，ハンドチャイムや鉄琴かな。 ・低音は，バスオルガンかな。 ・6〜8人でグループをつくろう。	
○グループに分かれ，それぞれで決めた楽器で演奏を工夫する。 ・各パートの働きが生み出すよさが感じ取れる演奏になっているか意識して演奏する。		思 発言 演奏 ワークシート
○別のグループと互いに演奏を聴き合う。 ・別のグループの友達に聴き役になってもらい，バランスなどを聴き合う。 ・全体の響きを意識して演奏する。 ○グループごとに発表する。 ・表現の工夫が見られるところを発表する。	「グループ同士で，演奏，鑑賞を交互にしましょう」 ・自分たちの工夫と違ってよかったな。 ・アドバイスをもとに，さらに表現の工夫をしよう。 「グループで工夫したことを発表してから演奏しましょう」 ・合奏がバランスよく聴こえるように工夫して並ぼう。	技 演奏
・ワークシートに振り返りを記入する。	「自分が演奏で工夫したことと，演奏を聴いて感じた工夫やよさを記入しましょう」	態 発言 観察 ワークシート

器楽…5年

7 授業づくりのポイント

❶ 和音の響きを聴き，体を動かす活動を取り入れる

本題材では，和音の響きのよさや違いを児童に感じさせるために，体を動かす活動を取り入れました。

まず，「Ⅰ→Ⅴ→Ⅰ」や「Ⅰ→Ⅳ→Ⅰ」を教師がピアノで弾き，その和音に合わせて体を動かすようにします。そして，どのように感じたか，どんな動きが合うかなどについて，意見を出し合ったり，クラス全体で一つの動作を決めて動いたりします。

例えば，

Ⅰ→Ⅴ→Ⅰ　気を付けの姿勢→礼→気を付けの姿勢

Ⅰ→Ⅳ→Ⅰ　気を付けの姿勢→胸をそる姿勢→気を付けの姿勢

などのように，和音の響きに合わせて体を動かすことで，響きの違いを体感し，スムーズに学習に導入できるようにします。

❷ 和音の響きのみを取り出して演奏し，響きのよさや美しさを感じ取る

本題材では，和音の響きに着目して学習を展開していますが，今回は，和音の響きのみを取り出して演奏する活動を取り入れました。

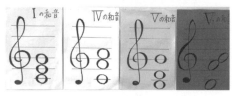

3和音の拡大図

授業では，ハンドチャイムを使い，Ⅰの和音の響きを3人の児童が息を合わせて演奏することで，響きの美しさに着目させました。次に，Ⅳの和音も同じように演奏し，ここで響きの違いを感じ取るようにしました。これを5〜6人のグループで行い，Ⅰ，Ⅳ，Ⅴ，V_7の和音の響きの違いを確認しました。

さらに，4拍子の拍に合わせてⅠ→Ⅳ→Ⅰ→Ⅴや
Ⅰ→Ⅳ→Ⅰ→V_7→Ⅰのように旋律に合わせた和音進行で演奏しました。

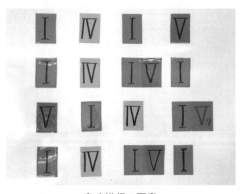

和音進行の写真

最後に，主旋律に合わせて演奏しました。複数の児童が息を合わせて演奏しなければ，美しい和音の響きを生み出すことができないので，縦の線をそろえて美しい響きで演奏することの大切さを実感することができました。

❸ 和音や低音の働きが生み出すよさに合わせて楽器を選択する

　和音を演奏するのにふさわしい楽器として，児童からハンドチャイム，鉄琴，オルガンなどが出されます。また，低音を演奏する楽器では，バスオルガン，バス木琴，バスアコーディオンなどの意見が予想されます。それらに合わせて，旋律にどのような楽器を合わせるとよいか，全体の響きを考えた楽器の選択が大切となります。また，全体のバランスを考えてどのパートにどの人数が適当かについて自分たちで考え，試行錯誤をしながら合奏することで，各パートの役割をしっかりと考えながら合奏するようになります。

　このような学習を通して，自分が演奏したい楽器を選ぶのではなく，バランスを考えた楽器選択が重要であることを理解すると，児童の話合いの内容も変わっていきます。そして，演奏していく中で，自分のパートを正しく演奏することだけではなく，互いのパートの音や全体のバランスを注意深く聴きながら演奏することができるようになっていきます。

器楽　・・・・・　5年

❹ 場の設定とグループ同士の聴き合いを重視する

　学級の児童の人数をだいたい30人くらいとした場合，6〜8人でグループを組むと4グループくらいができることになります。しかし，4グループが同時に演奏すると，各グループが全体のバランスを聴き取ることは難しくなります。また，グループ内で聴き役を立てると，演奏する人数がさらに少なくなり，バランスを判断することも難しくなります。そこで，二つのグループが交互に演奏し，演奏していないグループが相手のグループの聴き役となり，互いにアドバイスし合うようにしました。これによって，合奏全体を聴くことができ，バランスについても修正することができるようになりました。また，互いのグループの工夫を聴くことで，よいところは取り入れ，意図に合った演奏にしていくことができます。このとき，準備室や別の教室などを活用できると大変効果的です。

　具体的には，図のように，グループ内で演奏を確認するときは壁に向かって演奏し（①），友達に聴かせるときは反対を向く（②）など，隊形は変えずに，向きを工夫することで互いの音を大切にするようにします。このときに，グループでどの立ち位置で演奏するのが一番バランスよく聴こえるか，を聴き役の友達にアドバイスしてもらいながら決めていきます。また，友達の演奏を聴くことで，自分たちの演奏について客観的に見つめることができるのです。

　これらの学習活動の中で，互いに深め合い高め合う学習が実現していきます。

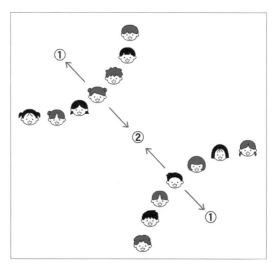

（梅田　佳美）

8 パートの役割を生かし ひびきを合わせて合奏しよう

学年・活動 第6学年・器楽 **主な教材**「ラバーズ　コンチェルト」

本題材で扱う学習指導要領の内容

２内容　Ａ表現　⑵器楽ア，イ㋐，ウ㋒〔共通事項〕⑴ア
思考・判断のよりどころとなる主な音楽を形づくっている要素：旋律，音楽の縦と横との関係

1 題材の目標

○「ラバーズ　コンチェルト」の曲想や音楽の構造などとの関わりについて理解するとともに，思いや意図に合った表現をするために必要な，各声部の楽器の音や全体の響き，伴奏を聴いて音を合わせて演奏する技能を身に付ける。

○旋律，音楽の縦と横との関係を聴き取り，それらの働きが生み出すよさや面白さ，美しさを感じ取りながら，聴き取ったことと感じ取ったこととの関わりについて考え，曲の特徴を捉えた表現を工夫し，どのように演奏するかについて思いや意図をもつ。

○「ラバーズ　コンチェルト」の各声部の音の重なり方などの特徴や，工夫して表現する学習に興味・関心をもち，音楽活動を楽しみながら主体的・協働的に器楽の学習活動に取り組む。

2 題材の特徴と学習指導要領との関連

❶ 本題材で扱う教材「ラバーズ　コンチェルト」の特徴

　教材「ラバーズ　コンチェルト」は1960年代にサンディ・リンザー，デニー・ランデルによって作曲されました。原曲は，「アンナ・マグダレーナ・バッハの音楽帳」の中の「メヌエット　ト長調」で，３／４拍子でつくられており，「ラバーズ　コンチェルト」は，この曲を４／４拍子にアレンジしたものです。曲はａｂａｂ'という構成で，親しみやすい旋律が繰り返され，また，４拍子にアレンジされたことで器楽合奏に適した教材であるといえます。

❷「音を合わせて演奏する」学習の位置付け

　新学習指導要領における「音を合わせて演奏する」ことは，第１学年及び第２学年から器楽の技能として位置付けられています。低学年では「互いの音や伴奏を聴く」，中学年では「互いの楽器の音や副次的な旋律，伴奏を聴く」という段階を経て，高学年では「各声部の楽器の音や全体の響き，伴奏を聴く」というように，系統性をもって指導することが求められています。

　本題材では，各声部の役割を考えながら表現に適した楽器を選び，それらの音が合わさることによって生まれる曲のよさや面白さ，美しさを捉える学習活動に取り組むことが大切です。

3 主体的・対話的で深い学びの視点による題材構成のポイント

❶ 対話を通して学習を高め合う

　器楽の学習では，技能を習熟することに意識が向きがちですが，全体の響きを聴きながら合奏を楽しむことが大切です。全体の響きを聴くには，自分の声部の役割を理解し，主旋律や拍を捉えながら演奏することが求められます。対話は，同声部を担当する子供同士，または各声部がそろった合奏グループ内の子供同士，聴き合うペアグループの子供同士などの中で生まれやすいので，学習のねらいに合わせた関わりを意図的につくり出すことが大切です。

❷ 主体的な学びを引き出す

　高学年の器楽合奏においては，個々の演奏技能の差によって表現活動が制限されたり楽器が固定化されたりする場面が見られることがあります。限られた時間や場面の中で，自分もやってみたいという児童の主体的な学びを引き出し，音楽活動を深めるには，教師が効果的な編曲を行い，児童の実態に合った声部を提示したり，部分的に演奏する楽器を設定したりすることが考えられます。曲のよさや面白さ，美しさをよりよく表現するための支援の仕方を教師が工夫することで，児童の主体的な学びが生まれ，音楽表現を高める活動へと展開していきます。

❸ 豊かな音楽表現を目指す

　多様な楽器の組合せによる合奏の楽しさを，小学校の段階で十分味わっておくことは，生涯にわたって音楽活動を楽しむことにつながります。声部の役割に基づく基本的な楽器の配置が理解できたら，各グループの表現したいことに合わせて別の音色の楽器やリズム楽器を加えたり，伴奏の声部のリズムをアレンジしたりするなど，楽譜から発展させた児童の表現を認めることで，音楽表現を豊かにし，学びを深めていくようにします。

4 題材の評価規準

知識・技能	思考・判断・表現	主体的に学習に取り組む態度
知「ラバーズ　コンチェルト」の曲想と音楽の構造の関わりについて理解している。 技 思いや意図にあった表現をするために必要な，各声部の楽器の音や全体の響き，伴奏を聴いて音を合わせて演奏する技能を身に付けて演奏している。	思 旋律，音楽の縦と横との関係を聴き取り，それらの働きが生み出すよさや面白さ，美しさを感じ取りながら，聴き取ったことと感じ取ったこととの関わりについて考え，曲の特徴を捉えた表現を工夫し，どのように音を合わせて演奏するかについて思いや意図をもっている。	態「ラバーズ　コンチェルト」の各声部の音の重なり方などの特徴や，工夫して表現する学習に興味・関心をもち，音楽活動を楽しみながら主体的・協働的に器楽の学習活動に取り組もうとしている。

5 指導と評価の計画（全4時間）

次	○学習内容	指導上の留意事項	評価規準
第一次（第1時）	**ねらい**：「ラバーズ　コンチェルト」の旋律とそれに重なる声部，曲の構成を知り，各声部の役割を理解して演奏する。		
	○範奏を聴いて曲の雰囲気を捉える。 ○主旋律を歌ったり演奏したりする。 ○曲を支える伴奏や重なる声部を捉える。	・拍が明快で，曲の感じを捉えることができるような範奏を選ぶ。 ・主旋律をラ，ヤル，階名などで歌ったり演奏したりする。 ・重ねる各声部を取り出して聴き，曲の中の役割を確かめる。	
（第2時）	○各声部の役割や特徴からどの楽器で演奏するのがふさわしいかを話し合う。 ○自分が演奏したい声部を選び，声部の役割を意識して演奏する。 ○曲の雰囲気を捉え，各声部の役割を理解して合奏する。	・声部の役割に基づいた合奏を組み立てる基本的な編成を共有する。 ・和音の声部は上下で分担する，副次的な旋律は音を保持できる楽器にするなど，声部の特徴を表現するのに合う楽器の組合せを考えるよう支援する。 ・半分の人数で合わせたり，全体で合わせたりしながら曲の雰囲気を捉えるようにする。	知
第二次（第3時）	**ねらい**：曲の特徴にふさわしい表現を工夫し，全体のバランスを考えながら合奏する。		
	○グループで合奏し，より豊かな表現をするための工夫を話し合う。 ○加えたい楽器や声部の部分でリズムを変えるなどグループの表現を工夫しながら合奏する。	・「メヌエット」を聴き，アレンジによって生み出される曲のよさを捉える。 ・主旋律を引き立たせるとともに，各声部のバランスや，加えた楽器の聴こえ方などについてグループごとに助言する。	思
（第4時）	○グループの演奏をペアのグループと聴き合い，全体のバランスや工夫した部分が表現されているかを話し合う。 ○グループごとに発表する。 ○合奏の学習を振り返る。	・意図する表現が聴いているグループにも伝わるか，対話と演奏を繰り返すことを通して表現を高める。 ・各声部の役割が全体のバランスの中で適切かどうかを聴くよう促す。 ・自分たちの意図や思いを伝えながら，工夫した合奏を発表する。	技 態

6 本時の流れ（2／4時間）

○学習内容　・学習活動	教師の主な発問と子供の状況例	評価規準と評価方法
ねらい：「ラバーズ　コンチェルト」の旋律とそれに重なる声部，曲の構成を知り，各声部の役割を理解して演奏する。		
○各声部の役割や特徴から，どの楽器で演奏するのがふさわしいかを話し合う。 ・全体を聴き，どの声部をどの楽器で演奏するのがよいか話し合う。	「どの声部を何の楽器で演奏すると，よりよい合奏が目指せますか」 ・主旋律はソプラノ・リコーダーが合っている。 ・和音のある声部は，二つの音が同時に出せる楽器がいい。 ・音を伸ばせる楽器じゃないと，演奏できない声部がある。 ・伴奏の声部は，低い音が出る楽器が合っている。	
○自分が演奏したい声部を選び，声部の役割を意識して演奏する。 ・声部ごとに部分や全体を通すなどして，自分の声部の演奏に取り組む。	「まず，同じ声部の友達と演奏してみましょう。速度を合わせましょう」 ・繰り返しの部分まで練習してみよう。 ・主旋律を担当している友達に，合わせに来てもらおう。 ・伴奏の声部だけで合わせてみよう。	
○曲の雰囲気を捉え，各声部の役割を理解して合奏する。 ・低音と和音のある声部，低音と主旋律などのように，いくつかの声部を選んで，重ねたり聴く役をつくったりして曲の雰囲気を共有する。 ・全体の合奏に教師が打楽器を加えたり，伴奏のリズムに変化をつけたりする。 ○次時の見通しをもつ。	「低音の伴奏の声部に合わせて，少しずつその他の声部を重ねてみましょう」 ・ベースの音を聴きながら演奏すると，うまく重ねられるね。 ・全体の中でどんなふうに重なっているか聴いてみたい。 「次の時間は，グループに分かれて今のように表現を工夫しながら合奏しましょう」	知 　発言 　行動観察 　演奏聴取

7 授業づくりのポイント

❶ 声部の役割を意識した学習形態を工夫する

　合奏の活動において，各声部が全体の中でどんな役割を担っているかを，それらが生み出す曲の雰囲気と関わらせて理解することはとても大切です。教師は，大地に立つ樹木，ケーキ，家などふさわしい例えを挙げながら，主旋律，それを支える声部，響きを豊かにする声部などがバランスよく調和して，曲が成り立っていることを理解させる必要があります。

　第2時では，すぐに合奏グループに分けずに，声部ごとに集まり自分の声部をじっくりと演奏する時間をとっています。曲の中でどの声部がどんな役割をもつかを学ぶことは，音楽の縦と横との関係や曲の構成を理解することにつながり，やがて大きな編成や構成の曲を楽しみ，生涯を通じて音楽を豊かに味わうことへと結び付くのです。

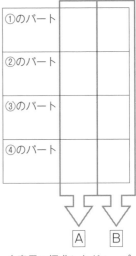

合奏用に編成したグループ

❷ 声部の役割に必要な編曲で合奏する

　技能の習得状況は，一人一人違います。授業では教師がねらいを明確にもち，それに合った編曲の合奏譜を提示するとよいです。

　本教材では，合奏において表現を工夫する活動が柱となります。友達と，合奏や表現を工夫する活動を充実させることで，豊かな表現が生まれると考えます。

　教師は，右の例に挙げたように，ベース音の進行を簡単にする，音の数を減らす，リズムを平易にするなど，合奏の編曲をねらいに合ったものに工夫することが肝要です。

ベースパートの進行例

F	F	B♭	F
C	F	C	C
F	F	B♭	F
C	F	C	F

　児童の実態に合わせ，根音を鳴らせばコードがなるように楽器を設定したり，アルファベットの音名で音を捉えたり，和音のパートを上下に分けて分担したりなどの支援により，短い時間で自分のパートを捉えることができるようになります。リズムの変化が付けやすいパート，跳躍音を減らしたパートなど，平易な合奏譜を提示することで，児童が主体的に表現を工夫する活動に取り組みやすくなります。

❸ 思いや意図をもって表現を豊かにする

　本教材「ラバーズ　コンチェルト」は，曲自体が原曲をアレンジした作品となっています。基にする作品があり，それを変化させたり自分なりの工夫を加えたりして表現するという活動は美術などでも多く見られますが，音楽においてもそれは同じで，クラシックの曲が，ポップスにアレンジされている作品は，「G線上のアリア」「エリーゼのために」「愛の喜び」など数多くあります。ここでは，これらを例に挙げながら，「ラバーズ　コンチェルト」の基本的な形から発展させて自分たちなりに表現に工夫を加え，さらに合奏を音楽的に深めていくことを目指しています。

　工夫を加えるにあたり，変化をさせない声部を決める（例えば，主旋律など）ことや，同じ声部内では変

ベース音Fのリズムパターンの例

化させたリズムを合わせて演奏することなど，曲全体のよさを失わないようにする適切な助言が必要です。また，大きな打楽器を加えたり，副次的な旋律の楽器を加えたりすると，全体のバランスを失うことがあります。後述のペアグループとの聴き合い場面で，同じ声部同士の聴き合い，全体のバランスなどを大切にして，より豊かな表現を目指していくことができるとよいです。

❹ 全体の響きを意識する

　自分が演奏しているときに，全体を聴くことやバランスを捉えることが難しい場合があります。声部に合う楽器を設定することと同時に，主旋律が一番目立つようにする，ベースの声部が全体を支える音量にするなど，全体のバランスを考えて合奏することも身に付けていきたい力です。

　そこで，聴き合うペアのグループをつくる，聴く役割を担う児童をつくる，今日の聴く当番をつくるなど，場面に応じて聴く活動を取り入れることで，子供同士が相互に関わり合いながらより豊かな表現を目指すことができます。

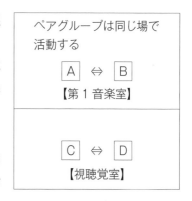

　何を聴けばよいか，どの位置で聴けばよいかなど，よい聴き手としての視点を明確にもって聴くことで子供同士が適切なアドバイスをすることができ，音楽的な表現を深めることにつながります。音量を含む声部同士のバランス，楽器を加えたことによる曲の雰囲気など，何を聴けばよいのかを共有し，児童が視点をもって聴くことで全体の響きに対する意識が高まります。

（村野　佐千亜）

9 曲の特ちょうにふさわしい表現を工夫し，音色やひびきに気をつけて演奏しよう

学年・活動 **第6学年・器楽** 主な教材 「メヌエット」

本題材で扱う学習指導要領の内容

2内容　A表現　(2)器楽ア，イ(ア)(イ)，ウ(ア)(イ)〔共通事項〕(1)ア
思考・判断のよりどころとなる主な音楽を形づくっている要素：音色，音楽の縦と横との関係

1 題材の目標

○「メヌエット」の曲想と音楽の構造との関わり，リコーダーの音色や響きと演奏の仕方との関わりについて理解するとともに，思いや意図に合った表現をするために必要な，音色や響きに気を付けてリコーダーを演奏する技能を身に付ける。

○「メヌエット」の音色，音楽の縦と横との関係などを聴き取り，それらが生み出すよさや面白さ，美しさを感じ取りながら，聴き取ったことと感じ取ったこととの関わりについて考え，曲の特徴を捉えた表現を工夫し，どのように演奏するかについて思いや意図をもつ。

○「メヌエット」の二つの旋律の重なり方や響きの美しさなどに興味・関心をもち，音楽活動を楽しみながら主体的・協働的に器楽の学習活動に取り組み，二重奏や器楽アンサンブルに親しむ。

2 題材の特徴と学習指導要領との関連

❶ 本題材で扱う教材「メヌエット」の特徴

　本教材「メヌエット」は，オルガニストとして活躍したヨハン・フィリップ・クリーガーの作品です。曲は，二つの旋律が絡み合い，美しい響きを奏でるところが特徴となっています。伴奏は，ハープシコードやオルガンをイメージさせる音型になっていて，教会から流れてくる音楽を思い浮かべながら二つの旋律を演奏することができます。

❷「音色や響きに気を付けて演奏する」学習の位置付け

　学習指導要領において，「音色に気を付けて，旋律楽器及び打楽器を演奏する」ことは，低学年の器楽ウ(イ)の技能に位置付けられ，中学年からは「響き」が加わって，「音色や響きに気を付けて，旋律楽器及び打楽器を演奏する技能」を身に付けることが求められています。そのためには，一人一人が表したい思いや意図をもち，それを実現するために，音色や響きに気を付けて演奏することの必要性を実感できるようにすることが大切です。

3　主体的・対話的で深い学びの視点による題材構成のポイント

❶ 範奏を聴いて，児童が捉えた曲の特徴を大切にしながら，表現の工夫につなげる

　範奏を聴いて，捉えた曲の特徴が，楽譜のどの部分なのか，拡大楽譜を提示しながら確認することで，児童が曲想と音楽の構造との関わりを理解し，それを生かしてどのように演奏したいかという思いや意図をもつことにつながります。自ら気付いたことが根拠として楽譜に書かれることで，主体的な学びが生まれ，全体で共通理解を図ることもできます。

❷ 器楽活動を通して気付いたことや，感じ取ったことを共有する場面を設定する

　器楽の活動において，対話的な学びが展開されるためには，気付いたことや感じ取ったことを子供同士で共有する場面を設定することが必要です。ペア学習や，小グループ学習を取り入れることで，互いの音をよく聴くことや教え合いながら意見を出し合うことができ，学習の深まりが期待できます。このとき，各グループが，どのようなめあてに向かって学習を進めているか具体化することが大切です。形だけのグループ活動では，何度も演奏するだけで技能の高まりもあまり見られない，ということになりかねません。

❸ いろいろな演奏形態を設定し，リコーダーアンサンブルのよさを引き出す

　これまでの器楽の活動では，どのように演奏したいのか，思いや意図をもつことよりも，技能面を重視し，運指を覚えて正しく演奏できることをゴールとしてしまい，教師もそれで満足してしまうことがありました。児童が思いや意図をもち，必要感をもって技能を習得できるよう，教師は，学級全体で演奏する場面，ペアで演奏する場面，小グループで演奏する場面など，児童の学びに合わせて授業展開を考えていくことが大切です。これによって，各児童からリコーダーアンサンブルのよさを引き出し，質の高い深い学びを目指していくことができるのです。

4　題材の評価規準

知識・技能	思考・判断・表現	主体的に学習に取り組む態度
知 「メヌエット」の曲想と音楽の構造との関わりについて理解している。 知技 リコーダーの音色や響きと演奏の仕方との関わりについて理解するとともに，思いや意図に合った表現をするために必要な，音色や響きに気を付けてリコーダーを演奏する技能を身に付けて演奏している。	思 「メヌエット」の音色，音楽の縦と横との関係などを聴き取り，それらの働きが生み出すよさや面白さ，美しさなどを感じ取りながら，聴き取ったことと感じ取ったこととの関わりについて考え，二つの旋律が途中から重なる特徴にふさわしい表現を工夫し，どのように演奏するかについて思いや意図をもっている。	態 「メヌエット」の二つの旋律の重なり方や響きの美しさなどに興味・関心をもち，音楽活動を楽しみながら主体的・協働的に器楽の学習活動に取り組もうとしている。

5 指導と評価の計画（全4時間）

次	○学習内容	指導上の留意事項	評価規準
第一次（第1時）	ねらい：楽器の音色や響きと演奏の仕方との関わりについて理解しながら，音を合わせて演奏する。		
第一次（第1時）	○児童の演奏によるリコーダーの範奏音源を聴き，音色を合わせて演奏している美しさに気付くとともに，曲の特徴を捉える。	・拡大楽譜を用意して，楽曲の特徴についての意見を記入し，全体で共有できるようにする。	
第一次（第1時）	○主旋律を演奏する。 ○派生音の指使いを確認して，演奏する。 ○旋律の動きやフレーズを感じ取りながら，タンギングやスラーを意識して演奏する。	・拡大図を掲示し，ソ♯，ド♯などの指使いを全体で確認する。 ・なめらかに演奏するために，スラーの奏法を意識するとよいことに着目させる。 ・ペアをつくって，互いの音色やリズムを合わせながら演奏できるようにする	
第二次（第2時）（第3時）	ねらい：「メヌエット」の二つの旋律の特徴を捉え，曲の特徴にふさわしい表現を工夫して演奏する。		
第二次（第2時）（第3時）	○範奏を聴いて，副次的な旋律の特徴を捉える。 ○主旋律と副次的な旋律との動きを捉え，演奏する。 ○自分が演奏したい旋律を選んで演奏する。	・拡大楽譜に，副次的な旋律の特徴について気付いたことを記入する。 ・シ♭の指使いを確認する。	知
第二次（第2時）（第3時）	○小グループに分かれて，課題を見付け，表現を工夫して演奏する。 ○中間発表し，各グループの表現の工夫を聴き，よさやアドバイスを伝え合う。	・3～4名のグループをつくり，音色を合わせて演奏させる。 ・6～8名のグループとなり演奏させる。 ・互いのパートの音が聴こえるような並び方を考える。 ・グループの思いや意図を伝え合い，互いの発表のよさやアドバイスを伝え合う。	思
（第4時）	○グループごとに音色をそろえ，音の重なり方に気を付けて演奏する。 ○グループアンサンブルや二重奏など，形態を変えて演奏する。 ○学習の振り返りをする。	・中間発表で出されたアドバイスを生かしながら，互いの音の重なり方を聴いたり，音色をそろえたりしながら，工夫して演奏させる。 ・伴奏に合わせて演奏させる。 ・児童が本題材で学んだことの発表に対し，教師が，価値付けるようにする。	知技 態

6 本時の流れ（3／4時間）

○学習内容　・学習活動	教師の主な発問と子供の状況例	評価規準と評価方法
ねらい：「メヌエット」の二つの旋律の特徴を捉え，曲の特徴にふさわしい表現を工夫して演奏する。		
○旋律の特徴を捉えて二つの旋律を合わせて演奏する。 ・クラス全体で，演奏する。 ・リズムや運指を確かめながら演奏する。 ・伴奏に合わせて3拍子を捉えて演奏する。	「互いのパートの音を聴きながら演奏しましょう」	
○小グループに分かれて，課題を見付け，表現を工夫して演奏する。 ・グループに聴き役をつくり演奏する。 ・聴き役を変えながら自分たちで課題を見付けていく。 ・気付いたことを拡大楽譜に書き込みながら進める。	「グループごとに，曲想表現を工夫する課題を見付けて，より良い演奏になるようにしましょう」 ・拡大楽譜に出た意見を書き込んでいこう。 ・録音して自分たちの演奏を聴き，課題を見付けよう。	思 発言 観察 演奏 ワークシート
○タンギングやスラー，休符などの演奏表現をそろえて演奏する。 ・タンギングや息の強さに気を付けて演奏する。 ・スラーの奏法や速度を意識して演奏する。	・互いに音を聴き合えるように違うパートの友達が交互に並んでみよう。 ・スラーのときのタンギングがうまくいかないからそこだけ演奏してみよう。	
○各グループの表現の工夫を聴き，よさやアドバイスを伝え合う。 ・グループごとに，課題やどんな工夫をしたかを発表して演奏する。 ・友達の演奏を聴いて，感じたことやアドバイスをし合う。 ・次の時間の課題をグループごとに確認する。	「グループで課題にしたことを発表してから演奏しましょう」 ・互いに音が聴き合えるように並ぼう。 「グループ発表を聴いて，気付いたことを伝えましょう」	

器楽…6年

7 授業づくりのポイント

❶ 範奏から演奏のイメージをもつ

　本学習では，リコーダーの音色にこだわりをもてるように，同年代の児童が演奏している範奏 CD を聴きました。音がそろっていることが美しい音色につながること，同年代の児童でもきれいな音色で演奏していることを感じることで，どうしたら響きのある音色で演奏できるのかについて考えさせるようにしました。そのことにより，きれいな音色で演奏するために必要なことは何かを考えながら演奏するようになりました。また，タンギングや息の強さにもこだわって演奏する姿が見られるようになりました。児童は，学習の場面に応じて，適宜，範奏を聴くことで，さらにリコーダーの表現を工夫していくことができました。

❷ 学習場面に応じた拡大楽譜を用意する

　児童が範奏から，曲の特徴を捉えたり，どのように演奏したいのか，明確にしたりするときに効果的なのが拡大楽譜です。例えば，なめらかな曲だと感じ，楽譜にあるスラーの記号のところを確認することで，どこに注目して演奏するとなめらかさを出すことができるか，明確に理解させることができます。また，小グループで学習するときにも適当な大きさの拡大楽譜を用意しておくことで，グループでの共通理解を図ることができます。活動中にも書き込みを行い，その内容を確認しながら演奏するようにします。

❸ グループ活動を取り入れ，隊形の工夫をする

　きれいな音色で演奏したいというめあてに向かって，まずはペアで活動をします。ここでは，相手の音をよく聴き，合わせることを目指すのですが，リズムにも，運指にも気を配らなければしっかりと音を合わせることはできません。

　次に，小グループの活動に移りますが，だんだんと音色をそろえることが難しくなってきます。ここでは，グループの中で聴き役をつくったり，互いにアドバイスし合ったりすることを通して，自分たちでどうしたら息を合わせて響きのある音色で演奏できるかを考えていきます。一人一人が自ら考え学び合うことによって学習の質が高まります。また，友達の意見によって自分では気が付かない観点に気付くことができたり，客観的に捉えたりすることができます。

　さらに，別の旋律のグループと一緒に大きなグループをつくります。ここでは，互いの音を聴くためにはどのような並び方が一番安心して演奏できるかを考えるようになります。「半円になってみよう」「交互に別のパートの人が並んで隣同士で音が聴こえるようにしよう」など，児童の試行錯誤の過程を大切にしていきます。

❹ 発表の場を設定する

中間発表を行うことで，自分たちの活動の振り返りができます。発表のときには，グループ
で相談した演奏の意図を発表するようにします。発表後には，他のグループからアドバイスを
もらうことで，さらなる課題や，次の具体的な目標を見付けることができます。互いの演奏で
刺激を受けることができ，友達のグループのよいところを自分たちの発表の中に取り入れるこ
ともできます。

❺ ICT を活用する

タブレット機器をグループごとに使用することで，自分たちの演奏を客観的に聴き，よりよ
い演奏につなげていくことができます。友達が聴き役となりアドバイスをすることも大切です
が，自分の演奏の様子を実際に見ることで友達のアドバイスをより素直に聞くことができます。

音や音楽は時間の推移とともに瞬時に消えてしまうものなので，タブレット機器の映像で自
分たちの演奏を振り返って確認することも大切です。人から自分がどう見えているのか，気付
いたり感じたりすることもできます。ただ，音質に偏りがあることに注意することが必要です。
あくまでも確認用として使用するとよいでしょう。

❻ 自分でイメージした演奏に近づけようとする姿を認める

教師が，「ここにスラーが出てきます」「スラ
ーの演奏の仕方はこうですよ」のように，一方
向に教えてもなかなか児童には身に付きません。
自分でなめらかに演奏するために，スラーの奏
法を身に付けたいと主体的に捉え，自らで習得
しようという意思をもつことが大切です。

自分がイメージした演奏に近付くと考えた場
合，スラーの演奏の仕方に興味をもち，身に付
けたいと実感することで習得が促されます。思
いや意図をもつことが，技能を高めることにな
り，身に付けたいと意欲をもって取り組む姿勢
が主体的に学習に取り組む態度につながります。

その際，ワークシートは有効です。自分の思
いを言語化することで，どのように工夫したい
か，どんな思いや意図をもっているかが明確に
なります。

曲の特徴にふさわしい表現を工夫して，音色や響きに気を付けて演奏しよう

「メヌエット」

組　名前

曲想

曲想に合った演奏にするために，どのような工夫をしたいか。

月/日	めあて	振り返り
	範奏を聴いて，和音や低音の役割に合う楽器を考え意見を出し合う。	
	範奏を聴いて，和音や低音の役割に合う楽器を考え意見を出し合う。	
	範奏を聴いて，和音や低音の役割に合う楽器を考え意見を出し合う。	
	範奏を聴いて，和音や低音の役割に合う楽器を考え意見を出し合う。	

演奏のふりかえり

（梅田　佳美）

10

ひびき合いを生かして演奏しよう

学年・活動 第6学年・器楽（鑑賞）　主な教材 「カノン」

本題材で扱う学習指導要領の内容

２内容　Ａ表現　(2)器楽ア，イ(ア)，ウ(ウ)　Ｂ鑑賞　(1)鑑賞ア，イ　〔共通事項〕(1)ア
思考・判断のよりどころとなる主な音楽を形づくっている要素：反復，音楽の縦と横との関係

1　題材の目標

○「カノン」の曲想と音楽の構造との関わりについて理解するとともに，各声部や全体の響き
　を聴いて，音を合わせて演奏する技能を身に付ける。

○反復，音楽の縦と横との関係（「和音の響き」の進行と，複数の「旋律」の重なり方）を聴
　き取り，それらの働きが生み出すよさや美しさを感じ取りながら，聴き取ったことと感じ取
　ったこととの関わりについて考え，曲の特徴にふさわしい表現を工夫し，どのように演奏す
　るかについて思いや意図をもったり，曲の演奏のよさなどを見いだし，曲全体を味わって聴
　いたりする。

○和音進行と複数の旋律の重なり方に興味・関心をもち，音楽活動を楽しみながら主体的・協
　働的に器楽や鑑賞の学習活動に取り組む。

2　題材の特徴と学習指導要領との関連

❶ 本題材で扱う教材「カノン」の特徴

　カノンとは，一つの旋律をいくつかのパートが一定の間隔をあけて演奏を始め，追いかける
ように重なって進む音楽です。本題材では，パッヘルベル作曲の「カノン」を器楽と鑑賞で扱
います。器楽の学習では，ハ長調・４／４拍子のリコーダーを中心とする器楽曲に編曲された
楽譜を扱いました（小学校教科書『小学音楽　音楽のおくりもの６』教育出版）。リコーダーの
旋律は途中，音の重なり方が厚くなったりリズムが細かくなったりします。児童の実態に合わ
せ，途中までとしてもカノンの美しさを味わえます。本書p81を参照ください。

❷ 「音を合わせて演奏する」学習の位置付け

　(2)器楽ウ(ウ)の事項に示されている「音を合わせて演奏する技能」を身に付ける活動は，第1
学年及び第2学年の「互いの楽器の音や伴奏を聴いて」から始まります。第5学年及び第6学
年では「各声部の楽器の音や全体の響き，伴奏を聴いて，音を合わせて演奏する技能」が示さ
れています。指導に当たっては，児童が自分の演奏を全体の中で調和させて演奏することがで
きるよう，互いの演奏をじっくりと聴くようにすることが大切です。

3 主体的・対話的で深い学びの視点による題材構成のポイント

❶ カノンの楽しさを味わい，主体的に学習できるようにする

　教材曲「カノン」を味わって聴いたり，曲の特徴を捉えて器楽の表現を工夫したりするためには，カノンの仕組みを捉えることが大切です。まず，本題材の始めに，カノンの仕組みが分かりやすい「かえるの合唱」を階名唱しながら，第1学年で学んだ「ドレミ体操」（本書p80参照）で動き，円になって見合うようにしました。カノンの楽しさを知ることで，このあと続くリコーダーの演奏にも見通しをもって，主体的に取り組むことができるようになります。

❷ 対話を通した学び，児童が無理なく学習に取り組める場を工夫する

　児童のリコーダーの演奏技能は，様々です。どの児童も学習意欲を持続できるよう，対話しながら学習するようにしたり，学級全体で演奏する際には，演奏技能の高くない児童に配慮して，学習の範囲や演奏の速度を設定したりするようにしました。

　また，題材の総時数や児童の学習状況を鑑み，最初から階名を振り，カノンを視覚化した楽譜を配布することも工夫の一つです。読譜力は，常時活動等で育成していくようにします。

❸ 旋律が追いかけて重なっていく響きを聴き取り，深い学びにつなげる

　第一次では，児童が，カノンの楽しさを体の動きを通して実感したり，自分たちで表現したりして十分に味わうことを通して，カノンの構造を捉えていきます。体を動かす活動によって，曲想及びその変化と音楽の構造との関わりについての理解が促されるでしょう。

　第三次では，「カノン」の構造が聴き取りやすい演奏を鑑賞することで，「カノン」のよさを味わい，深い学びを実現できるでしょう。イ・ムジチ合奏団の演奏などがお勧めです。

4 題材の評価規準

知識・技能	思考・判断・表現	主体的に学習に取り組む態度
知 「カノン」の曲想と音楽の構造との関わりについて理解している。（器楽，鑑賞） 技 思いや意図に合った表現をするために必要な，各声部や全体の響きを聴いて，音を合わせて演奏する技能を身に付けて演奏している。（器楽）	思① 反復，音楽の縦と横との関係を聴き取り，それらの働きが生み出すよさや美しさを感じ取りながら，聴き取ったことと感じ取ったこととの関わりについて考え，曲の特徴にふさわしい表現を工夫し，どのように演奏するかについて思いや意図をもっている。（器楽） 思② 反復，音楽の縦と横との関係を聴き取り，それらの働きが生み出すよさや美しさを感じ取りながら，聴き取ったことと感じ取ったこととの関わりについて考え，曲の演奏のよさなどを見いだし，曲全体を味わって聴いている。（鑑賞）	態 和音進行と複数の旋律の重なり方に興味・関心をもち，音楽活動を楽しみながら主体的・協働的に器楽や鑑賞の学習活動に取り組もうとしている。

5 指導と評価の計画（全4時間）

次	○学習内容	指導上の留意事項	評価規準
第一次（第1時）	ねらい：和音進行と複数の旋律の重なり方の面白さに興味をもち，どのように学習していくかについて見通しをもつ。		
	○鑑賞曲「カノン」を聴く。 ○「かえるの合唱」を動きながら歌い，カノンの仕組みを学ぶ。 ○器楽曲「カノン」の範奏を聴き，学習の見通しをもつ。	・演奏する楽譜を示し，曲想と各声部の重なり方との関わりについて興味をもたせる。 ・学級を3グループに分け，大きな円状になって活動し，声部の重なりが見えるようにし，カノンの楽しさを味わわせる。	
第二次（第2時）（第3時）	ねらい：曲の特徴を捉えた表現を工夫し，どのように演奏するかについて思いや意図をもち，各声部や全体の響きを聴いて，音を合わせて演奏する技能を身に付けて演奏する。		
	○学級で，器楽曲「カノン」の楽譜全体を見ながら範奏を聴き，曲の特徴について考える。 ○「どのように演奏したいか」について考え，考えの似ている友達とグループをつくり，演奏する。	・旋律の重なり方が厚くなる，リズムが細かくなると曲の雰囲気が変わる等，曲想と音楽の構造との関わりに目を向けさせる。 ・「重なりが厚くリズムが細かくなったところを生き生きと演奏したいから全てを演奏する」，「ゆったりと旋律の重なりを美しく演奏したいからアとオの部分だけで演奏する」等，思いや意図の似ている友達とグループを組ませるようにする。 ・旋律の演奏に際しては，教科書の運指表を参考としたり，友達と教え合ったりしながら進めていくようにさせる。	知 思① 技
	○友達と思いや意図に合った演奏をする。	・演奏していく中で「速さを工夫しよう」等，思いや意図が更新されていくこともあることを伝えるようにする。	
第三次（第4時）	ねらい：和音進行と複数の旋律の重なり方を聴き取り，それらの働きが生み出すよさや美しさを感じ取りながら，音楽の特徴への理解を深めるとともに，曲や演奏のよさなどを見いだし，曲全体を味わって聴く。		
	○鑑賞曲「カノン」をパートごとに集まって聴く。 ○2回目は演奏のグループで集まって聴く。 ○最後は一人でじっくりと聴き，曲のよさと，心に残ったことをワークシートに書く。	・1，2，3番スタートのグループに分かれ，楽譜の旋律を指で追いながら聴かせる。 ・自分のパートを指で追いながら聴かせる。 ・拡大譜で伴奏の旋律を指で追い，旋律の反復を自ら視覚化する。 ・響き合いを味わうように声かけする。	知 思② 態

6 本時の流れ（2，3／4時間）

○学習内容　・学習活動	教師の主な発問と子供の状況例	評価規準と評価方法
ねらい：曲の特徴を捉えた表現を工夫し，どのように演奏するかについて思いや意図をもち，各声部や全体の響きを聴いて，音を合わせて演奏する技能を身に付けて演奏する。		
○「カノン」の曲想と音楽の構造との関わりについて理解する。 ・学級で楽譜全体を見ながら範奏を聴く。 ・曲の特徴について気付いたことを発表する。	「楽譜を見ながらお手本の演奏を聴きましょう。曲の感じが変わったところは楽譜がどうなっているか，気を付けて見ながら聴いてみてくださいね」 ・最初はのんびりしてるけど，ちょっと生き生きしてくるところは，演奏するパートがたくさんで楽譜も黒っぽい（＝リズムが細かい）ね。	知 発言 観察
○「どのように演奏したいか」について考え，各声部や全体の響きを聴いて，音を合わせて演奏する技能を身に付けて演奏する。 ・一人一人がどのように演奏するかについて考える。 ・友達と思いや意図を高めながら，思いや意図に合った演奏をする。	「どんなふうに演奏したいか，友達と話をして，似た友達とグループをつくりましょう。誰が1番初めに出るか，次に出るのは誰か，最後は誰か，についても決めましょうね」 ・旋律の重なり方が厚くてリズムが細かくなったところを生き生きと演奏したいから全部吹きたい。誰か一緒に挑戦しよう。 ・ゆったりと，旋律の重なり方を美しく演奏したいから，アとオの部分だけやるよ。私が，最後に吹き始めるのでいい？ ・高いミってどうやって吹くのか，教えて？	思① 発言 観察 技 演奏 観察
・友達の演奏を聴き，よい工夫を取り入れる。	「皆さん，演奏の途中ですが，このグループの演奏を聴いてみましょう。このグループは『ゆったりと』演奏したいという思いで始めましたが，演奏していく中で，そのために速さをゆっくりするようにしたそうです。このように，演奏していく中で工夫を加えていくこともすばらしいですよ」 ・速さを工夫することは考えつかなかったよ。 ・私達の演奏を聴いて，感想を教えて？	
・学級全体で合奏する。	「今日のまとめに，全員で演奏してみましょう。間違っても責めっこなしでね。速さは一番遅いグループに合わせましょう」	

器楽・・・6年

7 授業づくりのポイント

❶ 体を動かす活動を取り入れてカノンを視覚化する

リコーダーの技能の習得状況は，児童によって様々です。全員の児童が，最後まで主体的に1パート一人でアンサンブルの演奏をするというゴールに向かうには，最初に「カノンっていいな，演奏できたらいいな」という気持ちをもたせることが大切だと思います。

とは言え，鑑賞曲を単に聴くだけではそこまではいきません。ここで必要なのは，自分たちの体を動かして，カノンの仕組みを視覚で捉えながら，実感を伴ってカノンの楽しさを十分に味わうことだ，と考えました。

そこで取り入れたのが，児童が周知のカノンの代表曲「かえるの合唱」（ドイツ民謡，岡本敏明作詞）。私は音楽室で大きく円をつくって，1年生で学んだ「ドレミ体操」の動きを「ドレミファミレド…」と3つのグループで動きましたが，独自に考えた一定の動きをカノンするだけでもイメージはつかめると思います。

❷ 無理のない旋律でカノンの楽しさを味わう

教育出版『音楽のおくりもの6』記載の東山正流編曲の「カノン」は，2分音符の旋律8小節と4分音符8小節の⑦，8分音符を含み2声に分かれる8小節の⑦，いろいろなリズムからなる8小節の⑦⑦と最終音の⑦からできています。これまでの実践では全員が全部の旋律を演奏するように指導してきましたが，技能に課題のある児童は⑦だけで終わってしまうことがほとんどでした。そこで今回は，①進度の速い児童は全部演奏する，②⑦を除いて演奏する，③⑦と⑦だけを演奏する，としました。また「一つの旋律をいくつかのパートが一定の間隔を空けて演奏を始め，追いかけるように進む音楽」であると説明しても，イメージがつかめない児童のために，次ページのような楽譜をつくりました。

今日は時数が限られていることもあり，階名を振った楽譜を配布しました。これだけでも児童の心理的な負担は少なくなります。読譜については，教材に応じて適切に指導していくことが大切です。階名を振る活動を常時活動として位置付けたり，部分的に行ったりするなど，児童の状況を見ながら身に付けるようにしましょう。

❸ 三つの聴き方で鑑賞の学習を行う

　本稿は器楽の実践を述べるところですが，鑑賞の学習にも触れておきます。鑑賞の学習は，第一次の曲の特徴に興味をもつことに続き，第三次には，三つの活動で学習させました。

　一つ目の活動は，１番目，２番目，３番目に演奏を始める児童ごとに集め，曲の冒頭部を，印刷配布したスコアを使って自分たちの声部を指で追いながら聴かせます。二つ目の，グループで聴く活動では，それぞれがどこを演奏しているのかを示すことができるのは自分一人となるため，児童も真剣です。「え，今どこやってるの？」と対話しながら聴き，児童が納得するまで繰り返し聴かせます。第一次の「かえるの合唱」で理解したカノンの仕組みが，スコアの上の児童の指で展開されます。そして最後の三つ目の活動では，一人一人に戻り，よさを見いだしながら味わって聴かせます。目をつぶって和音進行と複数の旋律の重なり方の美しさを味わう児童の姿に出会えることでしょう。

　題材の最後には，児童に題材全体を振り返らせ，カノンのよさを味わえるようになったことを賞賛して学習を終えます。きっと他の曲に出会ったときも，本題材の学習を生かして，複数の旋律の響き合いを味わえるようになるでしょう。

（西村　美紀子）

11

打楽器でリズムアンサンブルをつくろう

本題材で扱う学習指導要領の内容

2内容　Ａ表現　(3)音楽づくりア(イ)，イ(イ)，ウ(イ)〔共通事項〕(1)ア
思考・判断のよりどころとなる主な音楽を形づくっている要素：音色，リズム，反復，呼びかけと
こたえ，音楽の縦と横との関係

1 題材の目標

○楽器の音やリズムの組み合わせ方や重ね方などの特徴について，理解するとともに，音楽の
　仕組みを用いて，リズムアンサンブルをつくる技能を身に付ける。

○音色，リズム，反復，呼びかけとこたえ，音楽の縦と横との関係などを聴き取り，聴き取っ
　たことと感じ取ったこととの関わりについて考え，どのように全体のまとまりのある音楽を
　つくるかについて思いや意図をもつ。

○打楽器の音を組み合わせて音楽をつくる学習に興味・関心をもち，音楽活動を楽しみながら友達
　と協働して主体的に音楽づくりの学習活動に取り組み，打楽器のリズムアンサンブルに親しむ。

2 題材の特徴と学習指導要領との関連

❶ 本題材で扱う教材「ズールーウェルカム」の特徴

　本教材「ズールーウェルカム」（ジークフリート・フィンク作曲）は，アフリカのズールー
族に伝わるリズムを基に，児童にとって身近な木や皮，金属の打楽器を使って演奏されており，
様々なリズムの面白さを感じ取りやすい曲です。音色，リズム，反復，呼びかけとこたえ，音
楽の縦と横との関係などについて捉えやすく，打楽器のリズムアンサンブルのモデルとしてふ
さわしい曲です。また，南アフリカの情景から感じる印象を基につくられていることから，児
童の思いや意図を生かして音楽をつくるものに適している教材とも言えます。

❷ 「音を音楽へと構成する」学習の位置付け

　学習指導要領における「音を音楽へと構成する」活動は，音楽づくりの事項ア(イ)，イ(イ)，ウ
(イ)の事項に示されています。第5学年及び第6学年では，「音を音楽へと構成する」活動を通
して，どのように表すかについて思いや意図をもち，全体のまとまりを意識した音楽をつくる
ことができるよう，指導を工夫することが求められています。音楽をつくっていく過程におい
て，思いや意図を伝え合うことと実際に音で試すこととを繰り返しながら表現を工夫し，思い
や意図を膨らませていくことができるようにすることが大切です。

3 主体的・対話的で深い学びの視点による題材構成のポイント

❶ 学習の見通しをもち，ゴールの姿をイメージできるような場を設定する

　児童が主体的に取り組むためには，学習の見通しをもつこと，心が動く魅力あるモデルを示すことが大切です。本題材では，音楽づくりの見通しをもつことができるように，児童の思考の流れに沿った内容で授業を構成し，それぞれの学習過程で適切な手立てを講じることで，自然に音楽づくりに取り組めるようにしていきます。児童が「やってみたい」「すてきな曲だな」と感じるモデルを示すことは，主体的に音楽づくりに取り組むためには欠かせないことです。

❷ つくった音楽を発表して，気付いたことや感じ取ったことを共有する場面を設定する

　音楽をつくっていく過程では，思いや意図を伝え合い，音やフレーズのつなぎ方や重ね方の特徴について理解する学習と関連させ，音で試しながら自分にとって価値のある音楽をつくっていくことが大切です。話合いの視点を明確にし，根拠をもった対話ができるように，教師が意図的に問い返すなどして，児童が気付いたり深く考えたりして，思いや意図を明確にしながら音楽づくりに取り組んでいけるようにすることが必要です。友達と思いや意図などを共有する場面を適切に設定することで，学びが深まります。

❸ 児童の気付きなどを取り上げ，価値付けながら授業を展開する

　音楽活動の中で，児童のつぶやきや気付き，取組の様子でのよさを教師が積極的に取り上げ，価値付けていくことが大切です。音楽づくりでは，児童がそれぞれの考えを生かしながら音楽をつくっていきます。その過程で，児童のよさを認めていくことで，児童の学びが広がったり深まったりします。音楽をつくっていく過程での教師の価値付けが，深い学びの実現につながる重要なポイントとなります。

4 題材の評価規準

知識・技能	思考・判断・表現	主体的に学習に取り組む態度
知 楽器の音やリズムのつなげ方や重ね方の特徴について，それらが生み出すよさや面白さなどと関わらせて理解している。 技 思いや意図に合った表現をするために必要な，音楽の仕組みを用いて，リズムアンサンブルをつくる技能を身に付けて音楽をつくっている。	思 音色，リズム，反復，呼びかけとこたえ，音楽の縦と横との関係などを聴き取り，それらの働きが生み出すよさや面白さ，美しさを感じ取りながら，聴き取ったことと感じ取ったこととの関わりについて考え，どのように全体のまとまりのある音楽をつくるかについて思いや意図をもっている。	態 打楽器の音を組み合わせて音楽をつくる学習に興味・関心をもち，音楽活動を楽しみながら友達と協働して主体的に音楽づくりの学習活動に取り組もうとしている。

5 指導と評価の計画（全4時間）

次	○学習内容	指導上の留意事項	評価規準
第一次（第1時）	**ねらい**：打楽器によるリズムアンサンブルを聴き，表現したいテーマを考え，思いに合った打楽器の音色やリズムの組合せを考える。 ○「ズールーウェルカム」を聴き，全体の曲の特徴をつかむ。 ○リズムアンサンブルのつくり方やルールについて理解する。 ○自分たちのテーマをストーリーで考えて，言葉や絵で表す。 ○表現したいテーマを決め，打楽器の音色やリズムの組合せを考える。	・音色とリズムの組合せに視点を決めて，聴くようにする。 ・リズムアンサンブルのつくり方を知り，どのように音楽をつくるかについて見通しをもつようにする。 ・曲全体のまとまりをストーリー（起承転結）で考えるようにする。 ・ストーリーに合うよう，タンブリン，ウッドブロック，コンガ，鈴などの打楽器を用いて音を出し，音色の違いを確かめながらつくるようにする。	
第二次（第2時）	**ねらい**：友達と協働しながら，打楽器の組合せや音楽の仕組みを生かして，まとまりのあるリズムアンサンブルを工夫してつくる。 ○グループごとに，音の重なり方，反復や呼びかけとこたえなどを生かして，リズムアンサンブルをつくる。	・反復や呼びかけとこたえなどの音楽の仕組みが，リズムアンサンブルの中でどのように生かされているか，意識しながらつくるようにする。 ・ホワイトボードにリズムカードを並べながら，音楽の仕組みを生かしてつくるように促す。	知 思
（第3時）	○グループごとに思いが伝わるように表現を工夫しながらつくる。 ○ペアグループごとに聴き合い，気付いたことや感じたことを伝え合ったり，表現のよいところを認め合ったりしながら工夫する。 ○中間発表をする。	・ワークシートや共有するためのアンサンブルの構成図（ホワイトボード）に気付いたことを記入できるようにする。 ・他のグループのリズムアンサンブルの工夫に気付き，自分たちの演奏に生かすようにする。 ・それぞれの打楽器の音色やリズムが生かされ，まとまりのある構成になるように働きかける。 ・それぞれのグループのアンサンブルのよさを伝え合うとともに，教師が価値付ける。	
第三次（第4時）	**ねらい**：グループごとにリズムアンサンブルを発表しながら，気付いたことや感じ取ったことを共有し，自分たちのつくった音楽のよさや面白さを味わう。 ○音楽の縦と横との関係を考えながら，グループごとに自分たちのリズムアンサンブルをつくる。 ○リズムアンサンブルを聴き，構成の工夫に気付いたり，表現のよさや面白さを味わったりする。	・自分たちの思いや意図が，音楽表現として実現できよう，自分たちのアンサンブルの表現を高めるようにする。 ・それぞれのグループの思いや意図を共有しながら聴くようにし，よさを認め合うようにする。	技 態

6 本時の流れ（3／4時間）

○学習内容　・学習活動	教師の主な発問と子供の状況例	評価規準と評価方法
ねらい：友達と協働しながら，打楽器の組合せや音楽の仕組みを生かして，まとまりのあるリズムアンサンブルを工夫してつくる。		
○前時の学習を振り返る。 ・前時に録音したリズムアンサンブルを聴く視点（ストーリーと音色やリズムの組合せ）をもって聴く。 ・アンサンブルの構成図から，どうしたらストーリーに近い表現になるか気付いたことを発表する。 ○本時のめあてを確認して，グループごとにリズムアンサンブルづくりをする。 ○アンサンブルの構成図を基に話し合い，工夫するところをホワイトボードに記入する。 ・反復や呼びかけとこたえが生かされているか，実際に音で試しながら，よりよいリズムアンサンブルにしていく。 ○途中で，ペアグループ同士で聴き合い，どのような工夫をすればよいか伝え合う。 ○中間発表をする。 ・発表する前に，自分たちが表現したいストーリーを伝える。 ・グループの演奏を聴く。 ・発表の後に演奏のよさやアドバイスを伝え合うようにする。	「前の時間の夏祭り（サマフェス）グループのリズムアンサンブルを聴いて，気付いたことを発表してください」 ・始めの人が集まってくる場面で打楽器がだんだん重なっていっていたね。 ・最後の花火の場面で，全員でリズムをそろえて演奏していたね。 「今日はグループごとにどの場面を聴かせどころにするか考えてから，その部分を中心に工夫してみましょう」 ・始め方は，だんだん打楽器を増やして嬉しい気持ちを表してみようよ。 ・反復や呼びかけとこたえは，どこに入れるといいかな。 「工夫して聴いてもらいたいところを伝えてから演奏して，互いに気付いたことを伝え合いましょう」 ・最後の花火が上がる場面は，もっと力強く演奏した方がよいと思うよ。 ・同じリズムが繰り返されてよかったよ。 「アンサンブルの構成図も参考にしながら，発表を聴きましょう」 「気付いたことを発表してください」 ・前の発表よりも，強弱がはっきりしていてだんだん盛り上がっていく様子が分かりました。	思 演奏 発言 ワークシート

7 授業づくりのポイント

❶ 児童が心を動かすようなモデルを示す

　児童が主体的に音楽づくりの活動に取り組むためには，「やってみたいな」と感じさせるモデルを示すことが必要です。例えば，事前に教師が演奏した様子を録音（録画）したものを視聴することや授業の中で範奏する，範奏の CD を聴くなどがあります。楽器の種類が多すぎるとうまく聴き取ることができない場合があるので，児童がどのように感じ取るかをあらかじめ想定して準備しましょう。

　また，モデルを示すときには，必ず聴く（見る）視点を明確にしておくことも大切です。これまでの児童の既習事項や身に付けている力（児童の実態）を踏まえて，視点を示すようにしましょう。

❷ 他教科等との関連を図り，児童の思考を促す

　「主体的・対話的で深い学びの視点による題材構成のポイント」において，三つの視点を挙げましたが，本題材では，児童の思いと打楽器の音色とリズムの組合せを結び付ける手立てとして，国語科で学習した「起承転結」を使って，テーマに合ったストーリーを考える場を設定し，そのストーリーに合ったリズムアンサンブルをつくることにしました。児童の思いを表出しやすくするための工夫です。

　児童が自然に音楽づくりに取り組み，達成感を味わうようにするためには，他教科等との関連を図っていくことも大切です。

❸ 児童の思いや意図を共有するためのツールを活用する

　児童が主体的に音楽づくりの活動に取り組むためには，記譜について考えなくてはなりません。

　高学年では，曲全体の構成の工夫も必要となり，曲全体を捉えるための構成図の枠を準備しました。グループで話し合うときには，右のアンサンブル構成図を活用しながら，児童のイメージと音楽を形づくっている要素や音楽の仕組みを関連付けてリズムアンサンブルをつくることができるようにしました。

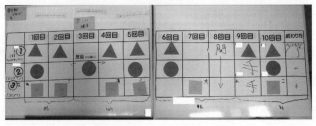

　このアンサンブル構成図は，だれが見てもすぐに分かるように，△○□のリズムは，学級で同じにしました。簡単で分かりやすく示すことで，互いに共有しやすくなり，話合いが活発に

なり，音で試す時間の確保にもつながりました。

　これらのツールは，児童がワークシートに記入するときの参考にもなります。グループの思いや意図を記録することで，活動を振り返るための重要な役割を果たすツールです。構成図を写真等で記録しておくことで，リズムアンサンブルづくりの過程も振り返ることもできます。

❹ 多様な学習形態に合わせた場の設定をする

　本題材では，六つのグループでリズムアンサンブルづくりを行い，ペアグループで聴き合いアドバイスし合える場を設定しました。高学年になると，自分たちの表現だけでなく，他者の表現にも関心が高くなります。そして，他者の表現からの気付きも増えてきます。始めはどうしてよいか分からない児童もいましたが，聴き合う視点を明確にすることでアドバイスすることができるようになってきました。中には，聴いてもらうときに「ここの部分が○○な感じになっているか聴いてね」のように，児童自ら視点を示しているグループも見られました。

　このように学習形態は，活動のねらいによって柔軟に設定していくことがポイントとなります。

❺ 児童のつぶやきや気付きを大切にして授業を展開する

　音楽の授業では，教師が教えていく場面も多くありますが，音楽づくりでは，児童の発想や考えを生かした授業づくりが大切です。音楽の時間の児童のつぶやきに耳を傾け，小さな気付きを学級全体で共有していくことの積み重ねが，感性豊かな児童を育てることにつながっていくように感じます。

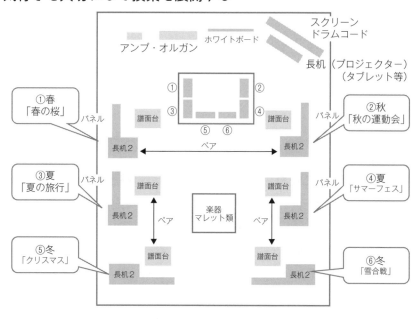

　「児童の興味・関心はどこにあるのだろう？」と教師自身がアンテナを高くしておくことで，教材のヒントが生まれることもあります。また，教師自身が素敵な音や音楽に触れたり，音楽について語り合ったり，時には全く違う世界のことに触れたりすることも大切です。これからも，児童とともに楽しい音楽の授業が展開されることを願っています。

（今井　清美）

12

五音音階で旋律をつくろう

学年・活動 第5学年・音楽づくり

本題材で扱う学習指導要領の内容

2内容　A表現　(3)音楽づくりア(イ)，イ(イ)，ウ(イ)〔共通事項〕(1)ア
思考・判断のよりどころとなる主な音楽を形づくっている要素：旋律，音階，変化，
　　　　　　　　　　　　　　　　　　　　　　　　　　音楽の縦と横との関係

1　題材の目標

○音やフレーズのつなげ方や重ね方の特徴について理解するとともに，思いや意図に合った音
楽をつくるために必要な技能を身に付ける。

○旋律，音階，変化，音楽の縦と横との関係などを聴き取り，それらが生み出すよさや面白さ，
美しさを感じ取りながら，音やフレーズのつなげ方や重ね方を変化させ，どのように全体の
まとまりを意識した音楽をつくるかについて思いや意図をもつ。

○音やフレーズのつなげ方や重ね方を工夫して変化のある音楽をつくる学習に興味・関心をも
ち，音楽活動を楽しみながら主体的・協働的に音楽づくりの学習活動に取り組み，旋律づく
りに親しむ。

2　題材の特徴と学習指導要領との関連

❶ 五音音階（黒鍵のみ）を使った自由な旋律づくり

　本題材では，木琴や鉄琴の黒鍵だけを使って旋律づくりを行うので，五音音階を教材として
扱うことになります。五音音階（F♯，G♯，A♯，C♯，D♯）は，自由に音を出しても旋
律が美しく，作品をつくりやすいという特徴があります。「黒鍵ならどこを打ってもよい」と
いう安心感に支えられて，児童はのびのびと音を出し，試行錯誤をすることができます。

❷ 全体のまとまりを意識した音楽づくりの位置付け

　高学年の音楽づくりの学習では，全体のまとまりを意識して音楽をつくることが求められて
います。本題材では，中間部が変化のある音楽になるように，リズム，旋律，音の重ね方など
をどのように変化させれば面白い音楽になるかを考えさせます。実際に音を出して試しながら
中間部（B）の音楽を考え，A−B−Aとつなげて表現することで，児童は，全体のまとまりを
意識し，曲想の変化と音楽の構造との関わりを理解しながら，音楽をつくっていきます。

3 主体的・対話的で深い学びの視点による題材構成のポイント

❶ スモールステップで音楽づくりを進める

本題材の旋律づくりでは，旋律を重ねること，中間部に変化を入れること，始め方や終わり方を考えること，など，いくつかの重要なポイントがあります。そこで，第1時ではAの旋律と終わりの部分だけをつくり，第2時でBの旋律をつくります。このように学習の目標が明確になることで，児童は主体的に音楽づくりに取り組むことができます。

❷ 黒鍵を使って自由に試す

本題材では，「五音音階を使うこと」「旋律の役割（オスティナート〈同じ音型の反復〉，かざり〈副次的な旋律〉，メロディ〈主旋律〉）を分担すること」，「曲の始めは音をだんだん重ねていくこと」という三つの条件を設定します。

音楽づくりの条件は，児童が安心して自由に音を出す（試す）ために大切です。五音音階で「ドレミソラ」だけを使うという条件は難しいのですが，黒鍵だけを使うという条件に置き換えると，「黒鍵ならどこを打っても大丈夫」という安心感の中で，友達と一緒に様々な音を試し，対話的な学びを進めることができます。

❸ 友達の演奏を聴いて自分の学びを深める

題材の始めから終わりまで，聴く活動とつくる活動とを意識的に往還させながら学習を進めることが大切です。聴く活動は，ルール（つくり方）を説明するところから始まります。児童のつくる活動が軌道にのり始めたところで，順調につくっているグループの旋律を全体に紹介して，再び聴く活動を行います。このように学習を進めることで，友達の演奏を聴いて「面白いな」と思ったことを自分の演奏に生かしたり，自分なりに新しい工夫を見付けたりして学びを深めていきます。

音楽づくり…5年

4 題材の評価規準

知識・技能	思考・判断・表現	主体的に学習に取り組む態度
知 音やフレーズのつなげ方や重ね方の特徴について，それらが生み出すよさや面白さなどと関わらせて理解している。 技 思いや意図に合った表現をするために必要な，音楽の仕組みを用いて，音楽をつくる技能を身に付けて旋律をつくっている。	思 旋律，音階，変化，音楽の縦と横との関係などを聴き取り，それらが生み出すよさや面白さ，美しさを感じ取りながら，聴き取ったことと感じ取ったこととの関わりについて考え，どのように全体のまとまりを意識した音楽をつくるかについて思いや意図をもっている。	態 音やフレーズのつなげ方や重ね方を工夫して変化のある音楽をつくる学習に興味・関心をもち，音楽活動を楽しみながら主体的・協働的に音楽づくりの学習活動に取り組もうとしている。

5 指導と評価の計画（全3時間）

次	○学習内容	指導上の留意事項	評価規準
第一次（第1時）	**ねらい**：音やフレーズのつなげ方や重ね方の特徴を理解し，それらが生み出すよさや面白さを生かして，Ａの旋律と終わりの部分の音楽をつくる。 ○音楽づくりのルールを知る。 ・オスティナート，かざり，メロディの三つの役割に分かれる。 ・だんだん重ねて始める。 ○友達の音を聴きながら自分の音を決め，旋律を重ねる。 ○友達の演奏を聴き，旋律のつくり方や重ね方について思いや意図をもつ。 ○終わりの部分をつくる。 ○友達の演奏を聴き，終わり方について思いや意図をもつ。 ○学んだことを生かして，本時のねらいの音楽をつくる。	・三つの役割を実演して聴かせる。 ・意欲的な児童と教師が音を重ねて，実際にその場でつくるところを見せる。 ・抽出したグループの演奏を聴かせ，どんなところが面白いか発表させる。 ・どんな音にすれば音楽を終わらせられるか問いかけ，いくつかのアイデアを例として示す。 ・Ａの部分と終わりの部分が，概ね形になるように導く。	知
第二次（第2時）	**ねらい**：音やフレーズのつなげ方や重ね方の特徴を生かして旋律を変化させ，Ａ−Ｂ−Ａ形式の音楽をつくる。 ○前時につくった音楽を始めから終わりまで演奏する。 ○「聴いている人がはっとする変化」を考えて，Ｂの旋律をつくる。 ○友達の演奏を聴き，何を変化させて「はっとする変化」の部分をつくったか話し合う。 ○学んだことを生かして，どのように音楽を変化させるかについて思いや意図をもち，音楽をつくり上げる。	・それぞれのグループのつくった音楽のよさを価値付ける。 ・「はっとする変化」を入れるために，どの要素を生かすとよいか確認する。 ・抽出したグループの演奏を聴かせ，どんなところが面白いか，音楽を形づくっている要素の何を変化させているのか発表させる。	思 技
（第3時）	○発表会を行い，友達の作品の面白いところや工夫点を見付ける。	・音やフレーズのつなげ方や重ね方，旋律の変化や終わりの部分の旋律など，今まで学習したことを確認し，友達の作品はどんなところに工夫があるか聴くように伝える。	態

6 本時の流れ（2／3時間）

○学習内容　・学習活動	教師の主な発問と子供の状況例	評価規準と評価方法
ねらい：音やフレーズのつなげ方や重ね方の特徴を生かして旋律を変化させ，A−B−A形式の音楽をつくる。		
○前時につくった音楽をはじめから終わりまで演奏する。 ・前時に工夫したことを思い出し，始めから終わりまで演奏する。	「前の時間につくった旋律をもう一度演奏しましょう」 ・オスティナートから順番に音を重ねよう。 ・終わりの部分はみんなで音を合わせよう。	
○「聴いている人がはっとする変化」を考えて，Bの旋律をつくる。 ・音楽を変化させてBの旋律をつくることを確認する。 ・グループごとに，実際に音で試しながらつくる。	「つくった旋律に，聴いている人がはっとする変化を入れましょう。アイデアがある人は発表してください」 ・速さを変える。 ・違う旋律にする。 ・グリッサンドを入れてみる。	
○友達の演奏を聴き，何を変化させて「はっとする変化」の部分をつくったか話し合う。 ・友達の演奏を聴き，どの要素が変化したのか聴き取る。 ・聴き取った要素を発表し，Bの旋律のよさを伝え合う。	「はっとする変化の部分が完成したグループの演奏を聴いてみましょう。何を変化させているか発表してください」 ・だんだん速くなっていったのが面白い。 ・リズムが細かくなったので軽やかな感じになった。 ・高い音をたくさん使っているので明るい感じになった。	思 発言 観察 演奏
○学んだことを生かしてどのように音楽を変化させるかについて思いや意図をもち，音楽をつくり上げる。 ・自分たちのグループではどのように音楽を変化させるか話し合う。 ・アイデアを音で試しながら，旋律をつくる。 ・Bの旋律ができたら，A−B−A−*Coda* を通して演奏する。	「発表してくれた友達の演奏も参考にしながら，自分たちのグループの旋律をつくり上げましょう」 ・途中で音楽を止めてみよう。 ・ゆったりしたリズムを使おうかな。 ・オスティナートを高音で演奏して，旋律を低音で演奏したら面白いかな。	技 演奏 観察

音楽づくり…5年

7 授業づくりのポイント

❶ 三つの役割に分かれて重ねる

　本題材の旋律づくりでは，三つの役割に分かれて旋律を重ねます。それぞれのルールは以下の通りです。これらのルールは，児童が安心して活動を始めるために設定しているものです。活動が軌道にのるとルールを逸脱し始める児童がいますが，それは児童が自分なりの思いや意図をもち始めているサインです。アンサンブルに支障がない限り，なんでも OK というスタンスで授業を進めていきます。

①オスティナート…低音域で演奏する。使ってよい音は二つまで。同じリズムを繰り返す。

②かざり…中音域で演奏する。長い音価（木琴はトレモロ）や和音を使う。

③メロディ…中〜高音域で演奏する。音階の特徴を生かすため，順次進行を主体とする。時々跳躍したり，休符を入れたりすると面白くなる。

児童がつくった作品の例（ハ長調に移調してあります）

❷ デモンストレーションによって音で伝える

　音楽づくりのルールやつくり方を説明するときは，実際に音で示すことが最も効果的だと感じています。前述したルールの①を説明したら，実際に教師がオスティナートを何種類か演奏して聴かせます。そこで「挑戦したい人はいますか？」と問いかけて児童にオスティナートをつくらせます。うまくできたら，ルールの②を説明してから，先ほどの児童が演奏するオスティナートに合わせて教師がかざりの旋律を演奏します。数種類の旋律を聴かせたところで「挑戦したい人はいますか？」と問いかけます。一人目の児童がオスティナートを演奏し，演奏が安定したら二人目の児童がかざりの旋律を演奏します。同様に③を説明し，最後は児童三人だけで旋律を重ね，即興的に作品を完成させます。

　このようにデモンストレーションを行うことには二つのメリットがあります。一つは，これからつくる音楽の全体像を直感的に共有できることです。実際に音で聴いているので，児童にとってめあてが明確になり，活動に取り組みやすくなります。もう一つは，目の前で試行錯誤する友達の姿を見られることです。このような場面では，音楽が大好きで得意な児童が手を挙

げることが多いと思いますが，初めて説明を聞いた直後ですから，うまく演奏できないことも
あります。教師の助言を頼りに，何度か失敗しながら旋律をつくり上げる姿を見ることは，と
ても意味があると思います。「ちょっとくらいうまくいかなくても大丈夫」，「ああいうふうに
やればできるんだな」という気持ちをもたせることが，その後の活動の原動力となります。

❸ 聴いている人がはっとする変化を取り入れる

「聴いている人がはっとする変化を考えましょう」という発問は，児童の思考を刺激し，豊
かなアイデアを引き出すことができるすばらしい言葉です。児童が考えた中間部のアイデアを
一部ご紹介します。
・リーダーの児童がグリッサンドをしたら，リズムを変えてＢを演奏する。
・全員が色々な音をランダムに打って，拍のない音楽にする。
・１パートずつソロで演奏してからＡに戻る。
・全員で４拍休んでから，音を変えてＢの旋律を演奏する。
・オスティナートのリズムをだんだんまねして，全員が同じ音で演奏する。

これらのアイデアは，音楽づくりの経験が少ない児童でも容易に考えることができるようで
す。豊富なアイデアを引き出すためには，友達の演奏を聴く活動を充実させることが大切です。
教師が選んだグループの演奏を全員で聴き，どんな工夫があるのか，どこが面白いのかを話し
合います。見付けた特徴を音楽を形づくっている要素と関わらせて整理することで，中間部の
旋律を考えるための視点が明確になり，児童が活発に思考できるようになります。

❹ 必要に応じて作品を記録する

本題材の楽しさの一つに，楽譜（記録）があまり必要ないということがあります。それぞれ
のパートは即興的に演奏できるので，音楽の仕組みに関わるルールさえきちんと共有していれ
ば，自由に演奏することができます。記録する時間を極力減らし，目の前の楽器でたくさん音
を出して試すことができるからこそ，多様な変化のアイデアを引き出すことができるのだと思
います。45分の授業が終わりに近づいた頃に，「次の授業でも同じ演奏ができるように記録し
たいことがあれば書いておきましょう」と声をかけて，白紙を１枚渡します。児童は「ドドレ
レミー」と階名を書いたり，「３回やったらみんなでタン」と言葉で書いたりして記録を残し
ます。これが次時の学習をスムーズに始める支援となります。

（水野　達）

音楽づくり……5年

13

ずれの音楽をつくろう

学年・活動 第5学年・音楽づくり

本題材で扱う学習指導要領の内容

2内容　A表現　(3)音楽づくりア(イ)，イ(イ)，ウ(イ)〔共通事項〕(1)ア
思考・判断のよりどころとなる主な音楽を形づくっている要素：リズム，反復，音楽の縦と横との関係

1　題材の目標

○「クラッピングミュージック」のリズムのつなげ方や重ね方の特徴について，それらが生み出すよさや面白さなどと関わらせて理解するとともに，思いや意図に合った表現をするために必要な音楽の仕組みを用いて，音楽をつくる技能を身に付ける。

○「クラッピングミュージック」のリズム，反復，音楽の縦と横との関係などを聴き取り，それらの働きが生み出すよさや面白さ，美しさを感じ取りながら，聴き取ったことと感じ取ったこととの関わりについて考え，曲の特徴を捉えた表現を工夫し，どのように全体のまとまりを意識した音楽をつくるかについて思いや意図をもつ。

○「クラッピングミュージック」のリズムの重なり方などの音楽の特徴に興味・関心をもち，音楽活動を楽しみながら，主体的・協働的に音楽づくりの学習活動に取り組み，リズム・アンサンブルに親しむ。

2　題材の特徴と学習指導要領との関連

❶ 本題材で扱う教材「クラッピングミュージック」の特徴

　ミニマル・ミュージックの代表的な作曲家であるスティーブ・ライヒが作曲した「クラッピングミュージック」は，二人の演奏者による手拍子の音楽で，一人が演奏する12拍のリズム・パターンと同じリズム・パターンを，もう一人が8分音符分ずつずらして演奏していく仕組みになっています。リズムのずれが生む，音の重なり方の面白さに気付かせることができます。

　なお，本題材では，「クラッピングミュージック」を，鑑賞の学習としては扱いません。

❷ 音を音楽へと構成する活動の位置付け

　音楽づくりの活動の中で，ア，イ及びウの各事項の(イ)は主に音を音楽へと構成する活動として示されていて，音楽の仕組みを用いて音楽をつくる技能が資質・能力として位置付けられています。本題材は，リズムを基に音楽の仕組みを用いて音楽へと構成していく特徴があります。

3 主体的・対話的で深い学びの視点による題材構成のポイント

❶ 教材をじっくり鑑賞し，音楽的なよさを共有する

　児童が音楽づくりの活動に取り組む際，参考にする教材の音楽的なよさや面白さ，美しさをじっくり味わうことで，主体的に音楽づくりの活動に取り組むことができます。教材を鑑賞し，音楽的なよさについて意見交換するだけではなく，実際に演奏するなどして，音の重なり方の面白さに気付くことで，「自分たちにもつくれるぞ」という気持ちを引き出すことができます。

❷ 演奏した後，言葉で確かめることを繰り返す

　音楽づくりの活動はグループで行うことが多いですが，ここで大切なのは，どのようにして思いや意図に合った音楽をつくるかという音楽づくりの学び方を教師が児童に伝えているかという点です。グループ活動によく見られるのは，ただ何度も繰り返し「練習する」姿です。これでは，児童の思いや意図は生かされません。演奏する準備をした後，息を合わせて演奏し，その演奏がどうだったのか言葉で確かめ合う，このような活動を認め，全体で共有することが大切です。これにより，児童一人一人の思いや意図が音楽に生かされていくのです。

❸ 中間発表でさらによさを引き出す

　音楽づくりの指導計画を作成していく上で，中間発表の位置付けは重要なポイントの一つです。児童のグループ活動が進んできた中で，次時のめあてのヒントになるようなアイデアを生かしたグループの発表を中間発表として取り上げ，そのよさを共有することが大切です。

4 題材の評価規準

知識・技能	思考・判断・表現	主体的に学習に取り組む態度
知 音やフレーズのつなげ方や重ね方の特徴について，それらが生み出すよさや面白さなどと関わらせて理解している。 技 思いや意図に合った表現をするために必要な，音楽の仕組みを用いて，音楽をつくる技能を身に付けて音楽をつくっている。	思 リズム，反復，音楽の縦と横との関係を聴き取り，それらの働きが生み出すよさや面白さ，美しさを感じ取りながら，聴き取ったことと感じ取ったこととの関わりについて考え，音を音楽へと構成することを通して，どのように全体のまとまりを意識した音楽をつくるかについて思いや意図をもっている。	態 「クラッピングミュージック」のリズムの重なり方などの音楽の特徴に興味・関心をもち，音楽活動に楽しみながら，主体的・協働的に音楽づくりの学習活動に取り組もうとしている。

5 指導と評価の計画（全3時間）

次	○学習内容	指導上の留意事項	評価規準
	ねらい：「クラッピングミュージック」を聴き，リズムの重なり方の面白さを理解し，リズムを重ねて演奏する。		
第一次（第1時）	○「クラッピングミュージック」を聴く。 ○基本のリズム・パターンをずらして重ねる面白さに気付く。 ○基本のリズム・パターンを反復しながら演奏する。 ○基本のリズム・パターンを8分音符分ずらしたリズム・パターンを演奏し，重ねて演奏する。 ○簡単なリズム・パターンをつくり，ずらして重ねて演奏する。	・何人で演奏しているのか聴くことで，音楽の仕組みに気付かせるようにする。 ・楽譜を用意し，リズムがずれていることを確認する。 ・クラスを2グループに分け，リズムをずらして重ねただけで面白い演奏になることを理解できるようにする。 ・4拍の簡単なリズム・パターンをつくって重ねるようにする。	知
	ねらい：グループで基本のリズム・パターンをつくり，ずらしながら重ねて音楽をつくる。		
第二次（第2時）	○グループで基本リズム・パターーンをつくり，反復しながらずらして重ねる。 ○中間発表を行い，各グループのずらし方について共有する。 ○他のグループの演奏で取り入れられる部分を確認し，どのようにまとまりのある音楽をつくるかについて思いや意図をもつ。	・「レッツゴーのリズム」を基本とするが，自分たちでつくったリズム・パターンでもよいこととする。 ・どのようにずらして重ねたか，紹介できるようにする。 ・ずらしている部分と，そろって演奏する部分をつくると面白い演奏になることを確認し，どのように演奏に取り入れるか考える。	思
（第3時）	○どのようにずらすと面白い重なり方になるのか考えながら，つくる。 ○グループでつくったリズムを発表する。 ○学習を振り返る。	・どのようにずらすか，適宜，記録するように声をかける。 ・必ず演奏して確かめ，演奏後どうだったか，意見交換する。 ・発表後に，各グループの重ね方の特徴や工夫について発表する。 ・ずれの音楽をつくる学習で学んだことについて，児童の発言を価値付けるようにする。	技 態

6 本時の流れ（2／3時間）

○学習内容　・学習活動	教師の主な発問と子供の状況例	評価規準と評価方法
ねらい：グループで基本のリズム・パターンをつくり，ずらしながら重ねて音楽をつくる。		
○グループで基本リズム・パターンをつくり，反復しながらずらして重ねる。 ・前時で試しにつくった4拍のリズム・パターンをもとに，グループの基本リズム・パターンをつくる。 ・基本リズム・パターンを4拍ずらして重ねて演奏し，リズムの重なりの面白さをつかむ。 ・グループごとに他のずらし方を試しながら演奏する。	「今日は，グループの基本リズム・パターンをつくることになっていたね。これだというリズム・パターンを決めたら，まずは4拍ずらして演奏してみよう」 ・自分たちのグループは，「レッツゴーのリズム」が一番演奏しやすいから，これをずらして重ねてみよう。 ・自分たちは，「レッツゴーのリズム」のロングバージョンをずらして重ねてみよう。 ・他のずらし方にも挑戦したいな。面白い重なり方になるずらし方はあるかな。	
○中間発表を行い，各グループのずらし方について共有する。 ・いくつかのずらし方を取り入れて演奏しているグループを取り上げ，ずらし方について共有する。 ・一緒に演奏する部分と，ずらして演奏する部分をつくっているグループを取り上げ，まとまりのある音楽をつくるためのアイデアについて共有する。	「どんなずらし方をしているか，考えながら発表を聴いてね」 ・4拍ずらしをした後，2拍ずらし，1拍ずらしをしていて，演奏がだんだん難しくなっていた。 ・「クラッピングミュージック」の始まりみたいに，全員で一緒に演奏してから，ずらしの演奏に入っていた。自分たちの演奏にも取り入れてみたいな。	
○他のグループの演奏で取り入れられる部分を確認し，どのようにまとまりのある音楽をつくるかについて思いや意図をもつ。	「他のグループの演奏で，これは試してみたいなという工夫はあるかな」 ・もっと長く演奏して盛り上げたいから，いろいろなずらし方を取り入れてみよう。 ・かっこいい始まり方と終わり方にしたいから，みんなが一緒に演奏する部分をつくるのもいいな。 ・演奏のアイデアは，記録しておけば，次の学習のときに役立つね。	思 聴取 観察 ワークシート

音楽づくり　5年

7 授業づくりのポイント

❶ 簡易楽譜を用いて教材を演奏し，よさや面白さを実感する

　音楽づくりにおいて，参考にする教材を扱う場合，その曲を鑑賞するだけでなく，できれば演奏して，曲のよさや面白さを児童が実感できるようにしたいです。曲の冒頭部分や，音楽の仕組みが分かりやすく提示されている部分を取り上げ，少しテンポを落として演奏してみるだけでなく，音楽の仕組みを分かりやすく示した楽譜などを活用して，「自分たちにも演奏できそうだ」「自分たちもつくってみたい」と思わせる工夫が大切です。これによって，グループの活動のときにも，児童は自分たちなりの方法で，簡易楽譜を使うようになります。

　音楽づくりのグループ活動の場面では，初めに楽譜制作に取り組むことがありますが，まず音を出してつくってみることが重要です。楽譜などは，児童が使いたいと思った際に提示する用意をしておけばよいのです。楽譜はできたけれど，いざ演奏してみると音楽の面白さが感じられないということがないようにするためにも，まずは「音で試す」活動を優先的に行ってほしいです。

❷ 中間発表の際のグループ選択は，意図的に行う

　音楽づくりの活動において，各グループの中間発表は，それぞれの活動状況を把握するという側面だけでなく，その後の授業の流れを大きく左右する重要な側面があることを認識する必要があります。ただ，中間発表にあまり多くの時間を割くことはできません。ここで大切なことは，教師が発表するグループ選択を最重要と考え，その後の授業の流れを念頭に置きながら，意図的に行うことです。本提案の第2時の中間発表では，まず本時のめあてをほぼ達成しているグループの演奏を最初に取り上げました。このグループの工夫点を価値付け，児童と共有することにより，本時のゴールの姿を他のグループにお手本として示すことができます。そして次に，次時に取り組ませたい工夫をすでに少し取り入れているグループの演奏を取り上げました。このグループの工夫は，他のグループがまだ取り入れていないよさや面白さがあり，他のグループが「次時に取り組んでみたい」と考えるようになります。

　教師は，グループ活動のときに，各グループの表現の工夫や音楽的な方向性を把握し，中間発表で，どのグループを，どこに着目させて取り上げればよいか，考えることが大切です。

❸ 音楽活動の中で ICT 機器を効果的に活用する

　本提案のような音楽をつくる活動においては，ICT 機器を効果的に活用することが，児童の主体性を引き出すことにつながります。学習指導要領の「内容の取扱いと指導上の配慮事項」にも，「児童が様々な感覚を働かせて音楽への理解を深めたり，主体的に学習に取り組んだりすることができるようにするため，コンピュータや教育機器を効果的に活用できるよう指導を工夫すること」と示されています。

本提案においてはまず，自分たちの演奏を，ICレコーダーやタブレット機器等を活用して録音することが考えられます。児童が録音を聴き直すことで，リズムの重なり方がどのように聴こえるか確認することができますし，自分たちが考えた工夫が伝わるのか，客観的に確かめることもできます。本提案のリズム・アンサンブルでは，音源が手拍子であるため，音量にある程度の範囲があり，音源もシンプルであるため，このような録音機器を使用するのに適した題材といえます。ただ，録音はグループ内の確認に使うということを共通理解しておく必要があります。ツールとして使うということを確認しておくことが大切です。

❹ 本題材からプログラミングに関する学習活動の可能性を考える

　本題材を発展的に扱う際，「プログラミング的思考」の育成を目指すことが考えられます。この観点から，本題材におけるプログラミング教育の可能性について考えてみたいと思います。
　「小学校プログラミング教育の手引（第三版）」における小学校段階のプログラミングに関する学習活動の分類では，音楽科の事例は，「B　学習指導要領に例示されてはいないが，学習指導要領に示される各教科等の内容を指導する中で実施するもの」として，「様々なリズム・パターンを組み合わせて音楽をつくることをプログラミングを通して学習する場面」が示されています。

　本題材で考えれば，グループでつくった基本のリズム・パターンをずらして重ね，まとまりのある音楽をつくる際，創作用ソフト等を用いて重ね方を試し，さらに工夫を重ねて試行錯誤し（プログラミング的思考），音楽をつくることが考えられます。創作用ソフト等を用いる利点は，つくった音楽をすぐに再生し，何度もモニタリングできる点の他に，リズム・パターンの構造を視覚的に捉えることができる点が挙げられます。

　しかし，ここでも重要な点は，創作用ソフト等の使用はあくまでもツールであることです。ソフト等を使用してつくった音楽を自分たちで演奏してみて初めて，リズムのずれの面白さを実感することができるのです。そして，自分たちのつくった音楽の実際の演奏を互いに聴き合い，それぞれの表現のよさを認め合う学習を展開することが何より大切です。

　また，これを教師側の視点から考えてみたいと思います。まず，教師が自分自身で創作用ソフトや音楽制作アプリ等を使って，音楽をつくる経験を重ねることが大切です。ソフトやアプリには，既存のパターンがたくさん用意されており，いくつかの選択をするだけで，オリジナルの音楽をつくることができます。次に，これを教材として扱う場合の可能性を考えることが必要です。音楽づくりのどの部分で使用するのか，吟味しなくてはなりません。ただ単に「使う」のではなく，音楽づくりに関する資質・能力を育成するために，どのように活用していくことがベストなのか考えながら，導入を目指しましょう。

（今村　行道）

〈参考資料〉文部科学省（2018.11）「小学校プログラミング教育の手引（第三版）」
https://www.mext.go.jp/content/20200218-mxt_jogai02-100003171_002.pdf

14 動機をもとに音楽をつくろう

学年・活動 第6学年・音楽づくり

本題材で扱う学習指導要領の内容

2内容　A表現　(3)音楽づくりア(イ)，イ(イ)，ウ(イ)　〔共通事項〕(1)ア
思考・判断のよりどころとなる主な音楽を形づくっている要素：旋律，フレーズ　変化，
音楽の縦と横との関係

1 題材の目標

○フレーズのつなげ方や重ね方について，それらの生み出すよさや面白さなどと関わらせて理解するとともに，リズムや音の高さを変化させて短いフレーズをつくり，音楽の仕組みを用いて音楽をつくる技能を身に付ける。

○旋律，フレーズ，変化，音楽の縦と横との関係などを聴き取り，それらの働きが生み出すよさを感じ取りながら，聴き取ったことと感じ取ったこととの関わりについて考え，どのように全体のまとまりを意識した音楽をつくるかについて思いや意図をもつ。

○動機をもとにした旋律づくりに興味・関心をもち，音楽活動を楽しみながら主体的・協働的に音楽づくりの学習に取り組む。

2 題材の特徴と学習指導要領との関連

❶ 動機を基にした音楽づくりの特徴

　本題材では，動機となる短い旋律をつくり，それを変化させたり，つなげたり重ねたりして音楽をつくっていきます。短い旋律のつなげ方や重ね方の中に，反復，呼びかけとこたえ，変化等の音楽の仕組みがどのように生かされているか，児童の音楽づくりに関する知識や技能が見られます。ここでは，児童の音楽表現や会話の内容を詳しく観察して具体的に変容を捉え，児童の考えを聞いたりその面白さを教師が価値付けたりしながら活動を進めていくことが大切です。

❷ 「音楽の仕組み」を生かした音楽づくりの位置付け

　本題材における音楽づくりの「思考力，判断力，表現力等」に関する資質・能力としては，ア(イ)の「音を音楽へと構成することを通して，どのように全体のまとまりを意識した音楽をつくるかについて思いや意図をもつこと」に位置付けられます。本題材に至るまでに短い旋律を変化させたりつなげたりする即興的な音楽表現に十分に親しんでおくことや，手元に楽器を用意して音を出して考えを確かめること等に留意して活動を進め，児童の考えが音楽表現に反映されるようにすることが大切です。

3 主体的・対話的で深い学びの視点による題材構成のポイント

❶ グループ内の役割を決めておく

グループで音楽づくりをしていく際に，自分の考えがなかなか表現できない児童の姿を見かけます。自分がグループの音楽にどう関わっていったらよいか，音楽の苦手意識とも関わって，友達に伝えられないことがあります。そこで，フレーズを重ねていく活動の段階で，誰がどのような演奏をする役割なのか決められるように進めていきます。自分のやることが決まっていれば，その立場で自分の考えをもつことができ，考えを伝えたり主体的に試行錯誤しながら演奏し始めたりします。

❷ ねらいを絞った条件付けを行う

音楽づくりを進める上で，教師が示す条件はとても重要です。ここでは，各パートの役割を踏まえて，フレーズのつなげ方や重ね方に視点が置かれるような条件を与えたいところです。そうすることで，児童は目的意識をもって考えを言葉で伝えたり音で確かめ合ったりしやすくなり，対話的な活動を促すことができます。また，教師側もフレーズのつなげ方や重ね方に関しての助言に徹することができ，具体的な言葉で価値付けたりアドバイスをしたりすることができます。

❸ 記録には児童の必要感をもたせる

音楽づくりにおける児童の活動について，次時以降に再現性を確保してつなげていきたいところです。しかし，正確な記譜を求めることは児童に題材のねらい以上の負担をかけてしまいます。ここでは，フレーズのつなぎ方と重ね方に関して，自分たちが分かれば旋律やリズムは変わってしまってもよいとして活動を進めます。そのためにどんな記録が必要かは各グループの判断に任せて，教師は助言に徹することで，児童は音楽的な知識を生かして活動を進め，学びを深めていくことができます。

4 題材の評価規準

知識・技能	思考・判断・表現	主体的に学習に取り組む態度
知 フレーズのつなげ方や重ね方の特徴について，それらが生み出すよさや面白さなどと関わらせて理解している。 技 音楽の仕組みを用いて，音楽をつくる技能を身に付けて音楽をつくっている。	思 旋律，フレーズ，変化，音楽の縦と横との関係などを聴き取り，それらの働きが生み出すよさを感じ取りながら，聴き取ったことと感じ取ったこととの関わりについて考え，音を音楽へと構成することを通して，どのように全体のまとまりを意識した音楽をつくるかについて思いや意図をもっている。	態 動機を基にした旋律づくりに興味・関心をもち，音楽活動を楽しみながら，主体的・協働的に音楽づくりの学習活動に取り組もうとしている。

5 指導と評価の計画（全4時間）

次	○学習内容	指導上の留意事項	評価規準
第一次（第1時）	ねらい：グループ活動に使えそうな短い旋律を，つくったり見付けたりする。		
第一次（第1時）	○短い旋律を即興的につなげたり重ねたりしながら，旋律の変化のさせ方に親しむ。 ○鍵盤楽器やリコーダーを使って，4拍（8拍）の旋律を見付ける。	・4拍の短い旋律を取り上げ，旋律の変化のさせ方を例示したり列や楽器別でリレーさせたりしながら，音楽づくりの発想を得られるようにする。 ・短い旋律を例示したり児童の旋律を演奏したりしながら，長さを確認したり変化のさせ方のアイデアを問いかけたりする。	
第二次（第2時）	ねらい：フレーズのつなげ方や重ね方を生かして，グループの音楽をつくる。		
第二次（第2時）	○つくる音楽の条件を知る。 ○グループで，基にする短い旋律を決めたり役割を分担したりする。 ○どんなつなげ方ができそうか様々に試す。	・児童がグループの考えを尊重して音楽づくりができるように，曲の長さや個人の役割について条件付けする。 ・演奏のしやすさやつなげ方等の考えが得られそうかについて，実際に短い旋律を演奏させて確認できるようにする。 ・つなげ方のバリエーションを広げるために，個人で音を出して確かめる場を確保する。 ・即興的に旋律をリレーさせ，どのようなつなげ方が考えられそうか具体的に思い浮かべられるようにする。 ・特徴的なグループの演奏は適宜紹介し，全体での共有を図る。	知
（第3時）	○始め方と終わり方を考えて演奏する。 ○曲に変化を加える。	・始め方や終わり方について，特徴的なグループの演奏を聴かせたり例示したりして，活動の参考にさせる。 ・「聴いている人がはっとする変化」を加えるよう助言し，自分たちの演奏を見直したり新たな変化を加えたりさせる。	技 思
（第4時）	○つくった曲を演奏しながら，短い旋律のつなげ方や重なり方を確認する。 ○グループごとに演奏発表する。 ○学習の振り返りをする。	・グループを見て回り，どのような音楽にしようとしているのか等の考えを聞き出して，具体的に演奏の助言をする。 ・がんばったことだけでなく，学んだことを振り返るように助言し，必要に応じて，発言を価値付けて全体で共有する。	態

6 本時の流れ（2／4時間）

○学習内容　・学習活動	教師の主な発問と子供の状況例	評価規準と評価方法
ねらい：各パートの役割が生きるように，フレーズのつなげ方を考えて演奏する。		
○短い旋律を即興的につなげたり重ねたりして音楽遊びをする。 ・リズムの拡大と縮小を使って ・楽器の種類や音の高さを変えて ○つくる音楽の条件を知る。	「旋律はどのようにつなげられるだろう」 ・とりあえず順番に演奏してみよう。 ・同じ楽器でも違う高さでつなげられるな。 ・他の楽器も入れてみたい。 「基本的な条件を示します。30秒以上1分以内で，一人1パートの役割分担が生きるようにつなげ方や重ね方を考えましょう」	
○グループで，基にする短い旋律を決めたり役割を分担したりする。 ・4拍（8拍）の旋律をもち寄って演奏し，グループで基準にする短い旋律を決める ・パートの分担をする。	「グループでつかう短い旋律は，全員で演奏しながら決めておくと，後の活動がスムーズです。自分たちの演奏に必要なパートを考えて分担しましょう」 ・基準にする短い旋律は，なるべくリズムや旋律が複雑にならないようにしよう ・やっぱり低音は入れたいと思う。	
○どんなつなげ方ができそうか様々に試す。 ・パートの役割を踏まえて，個人で様々なつなげ方を試す。	「自分の選んだ楽器でできそうなつなげ方を様々に試してみましょう。まずは自分でいろいろ試してみてから，他の人とつなげたり重ねたりしてみましょう」 ・主旋律になるから，音の高さを変えて繰り返し出てくるようにしよう。 ・鍵盤楽器だから二つの音を同時に出すこともできるな。 ・リズムを拡大して，低音パートで伸ばす音を使ってみよう。	知 演奏の様子 発言
・グループで集まって，フレーズのつなげ方や重ね方を様々に試す。	「アイデアは実際に音で確かめながら決めていくといいですよ」 ・高めの音が細かいリズムで入るといいと思ったけど，似たような音があるからどっちか変えていこう。 ・低音が伸ばすリズムになると拍がとりにくいね。リズム楽器を入れてみてもいいかもしれない。	
・決まったことはホワイトボード等に記録する。	「つなげ方や重ね方が分かるように記録を残しておきましょう」	

音楽づくり　6年

7 授業づくりのポイント

❶ 即興的な表現を取り入れる

　児童がフレーズをつなげたり重ねたりすることに関して，様々にアイデアを出し合って活動できるように授業を進めたいところです。そのためには，音楽づくりの発想を得る場が重要です。音をつないで短い旋律を見付けることや，短い旋律を即興的にリレーすることなど，常時活動の時間などを活用して，音楽づくりの発想を体験的にもたせておくことが大切です。また，ここでは「基準となる旋律」を見付けることが，活動をする上での最低条件になりますから，旋律の難易度や楽器への苦手意識が活動へのハードルになることがあります。そこで，即興的な表現の場を重視し，楽しみながら旋律に繰り返し触れられるようにしておくことが大切です。これが，第二次以降の「音を音楽へと構成する」学習に有効に働きます。

❷ 基準となる旋律は単純にする

　音楽づくりの基準となる旋律は，児童が自分たちでつくったり，聴き覚えのある旋律を見付けたりします。基本的には自由に4拍もしくは8拍の旋律をつくって基準としますが，グループでの活動に当たって全員が演奏できなければ学びが深まりません。そこで，基準となるものは，旋律やリズムが単純なものを例示します。児童が基準となる旋律を見付け

〈児童がつくった・見付けた旋律の例〉

他にも，
　・わらべうた　　・童謡
　・CMのサウンドサイン　など

る活動では，教師の想定を上回って様々な旋律をつくったり見付けたりしていきます。中には，弱起で始まるものや3拍子のものを基準に取り上げようとするグループもありますが，教師は難易度が高くなる旨を助言したいところです。それでもグループ全員で決めて活動するのであれば，教師は見守りつつ支援に徹します。全体で一つの旋律を基準として取り上げて活動させてもいいかもしれません。

❸ 音楽づくりの条件は目安を示す

　音楽づくりに際して，教師が与えた条件が細かいと活動はスムーズかもしれませんが，児童の考えが見えにくくなることがあります。なるべく児童の自由度は確保して活動に取り組めるようにすることが大切です。そこで始めは「30秒以上1分以内を目安に」「全員が目立つポイントをつくる」ことだけを示して活動の目安をもたせました。その後は，児童が困ったことや行き詰ったことに関して，グループごとに助言したり必要に応じて全体で共有したりします。そうすることで，児童は自分たちでアイデアを出し合って活動を進めていくことができ，でき上がった作品も児童の考えが反映されたものになっていきます。

❹ 記録はフレーズのつなげ方と重ね方が分かるようにする

　活動が進んでいくと，記録を残して再現性を確保したいところです。ここでの記録は，個人の演奏が確認できればよいとすると，児童は簡単にリズムを書いたり階名だけメモしたりします。グループ全体に関してはホワイトボード上に言葉，図，カラーマグネット等で記録させます。同じ旋律は何度も書かずに同じ色のマグネットで示すなど，児童のルールで書いたり貼ったりさせると，短時間で記録して演奏に戻ることができます。ある程度の再現性を保った状態で繰り返し演奏でき，児童の考えが反映された音楽表現へとつながっていきます。

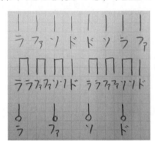 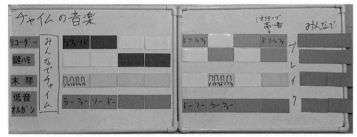

階名とリズムだけのメモと旋律を色分けしてつくったホワイトボードの楽譜例

❺ 常に音で確かめられる環境づくりを行う

　グループで相談する場面が多くなると，どうしても音が出なくなってしまいがちです。しかし，それでは話し合ったことがよいのかそうでないのかの判断もできませんし，新たな考えも生まれにくいです。そこで，リコーダーや鍵盤ハーモニカ等，持ち運びしやすい楽器を手元に置いて常に音で確認できるようにします。教師は「まずはやってみようよ」等と声をかけながら演奏を聴いて回ります。そうすることで，児童が実際の音で考えを確かめたり教師が具体的に助言したりすることができ，活発な音楽づくりを促すことにつながります。

❻ 具体的な姿で変容を捉えて助言する

　グループでの音楽づくりになると，音楽が得意な児童の考えに頼って，自分の考えを出さずにいる姿が見られることがあります。そこへ教師から自分の考えを聞かれても，自信がもてない児童にはプレッシャーですし，考えをもつことが難しい児童には苦しいばかりです。そこで児童への助言は演奏を聴き，具体的な姿で価値付けることが大切です。「音の高さを変えたね」「リズムを拡大してゆったりしたよ」などのねらいに関わることはもちろん，「体で拍をとってタイミングを計ったね」「終わりでみんなを見ていたのが分かった」のように，演奏を見通しているような姿も見付けてほしいです。時に無自覚な児童の考えを，具体的な姿から価値付けし，児童が「やってよかった」「もっとやろう」と思えるようにしてほしいです。そして教師も児童のそんな姿を楽しみながら，学びを深めていってほしいと思います。

（山本　陽）

じゅんかんコードをもとに
アドリブで遊ぼう

学年・活動 第6学年・音楽づくり

本題材で扱う学習指導要領の内容

2内容　A表現　(3)音楽づくりア(ア)，イ(ア)，ウ(ア)〔共通事項〕(1)ア
思考・判断のよりどころとなる主な音楽を形づくっている要素：反復，音楽の縦と横との関係
（「和音の響き」とその移り変わりと「旋律」との関係）

1　題材の目標

○和音とその移り変わり，和音と旋律との関わりについて，それらが生み出すよさや面白さなどと関わらせて理解するとともに，設定した条件に基づいて，即興的に和音に合う音を選択したり組み合わせたりして表現する技能を身に付ける。

○反復，音楽の縦と横との関係（「和音の響き」とその移り変わりと，「旋律」との関係）を聴き取り，それらの働きが生み出すよさを感じ取りながら，聴き取ったことと感じ取ったこととの関わりについて考え，即興的に表現することを通して，音楽づくりの様々な発想を得る。

○反復するコード（和音）進行に興味・関心をもち，音楽活動を楽しみながら主体的・協働的に音楽づくりの学習活動に取り組み，アドリブ（即興的な表現）に親しむ。

2　題材の特徴と学習指導要領との関連

❶　本題材で扱う「循環コード」の特徴

「循環コード」とは，二つ以上の和音が移行していき，ある組合せが反復するコード進行のことを指します。教育出版の教科書には，6年の器楽で学習した「カノン」や5年で学習した「茶色の小びん」の他，ジャズ作品やポップス作品が提示されています。そのため，児童が第5学年で学習した「和音や低音のはたらき」の学習を想起させ，和音の響きとその進行に合わせて，音楽づくりを工夫させていく必要があります。循環コードは一つとせず，いくつか提示して，児童の思いに合ったものを選ばせてもよいでしょう。

❷　「即興的に表現する」学習の位置付け

学習指導要領において「即興的に表現する」学習（低学年は「音遊び」）は，(3)音楽づくりア，イ，ウの各事項の(ア)に位置付けられています。あらかじめ決まっている音楽を表現するのではなく，いろいろな音の響きやそれらの組合せの特徴が生み出すよさや面白さを感じ取りながら，直観的にその場で音を選んだりつなげたり重ねたりして表現していく学習です。その際には，ア，イ，ウのそれぞれの(ア)の事項を関連付けながら，一体的に育てていくことが大切です。

3　主体的・対話的で深い学びの視点による題材構成のポイント

❶ 知識を活用し，主体的に学習できるようにする

　「さぁ，今日から循環コードをもとにアドリブで遊びましょう！」と教師から言われても，児童の頭には「？」しか浮かびません。「『遊びましょう』ってどういうこと？」を「やり方が分かった！　早くやろうよ！」に変え，主体的に学習できるように，第一次と第二次で循環コードや和音の響きと旋律との関わりについて理解し，第三次の学習で活用できるようにしておくことが大切です。

❷ 児童の思いを生かし，主体的・協働的な音楽づくりを実現する

　世の中にはいろいろな循環コードがあり，それぞれのコード進行が生み出す曲想はいろいろです。児童の「こんな音楽にしたい」という思いをより強くし，主体的に学習できるように，「コード進行を選ぶ」という活動を入れました。もちろん，音楽づくりやリコーダー演奏に不安を抱いている児童には教科書に出ている循環コードを基本とし，また教科書を助けに進めていくこととしますが，思いを同じくする友達と一緒に協働して活動することで，主体的・対話的に学習できるだろうと考えました。

❸ 対話しないと・音に出さないと，学習にならないような活動を設定する

　この実践は，一人あるいはペアで活動して学習することもできますが，学校で友達と学習することの意味を鑑み，４人で活動して音楽をつくることとしました。「ぼくは○○な音楽にしたいから○○の循環コードにするよ。誰か一緒につくろうよ！」から始まり，「誰が何番目をやる？」「ちょっと待って！　もう少し遅い速さにしたいな。誰か，スクラッチをゆっくりにしてよ」等々，アドリブ（＝即興的な表現）で遊ぶために，対話しないと，音に出さないと学習にならないような活動を設定しました。

4　題材の評価規準

知識・技能	思考・判断・表現	主体的に学習に取り組む態度
知　和音とその移り変わり，和音と旋律との関わりについて，それらが生み出すよさや面白さ等と関わらせて理解している。 技　設定した条件に基づいて，即興的に和音に合う音を選択したり組み合わせたりして表現する技能を身に付けて音楽をつくっている。	思①　反復，音楽の縦と横との関係を聴き取り，それらの働きが生み出すよさを感じ取りながら，聴き取ったことと感じ取ったこととの関わりについて考えている。 思②　反復，音楽の縦と横との関係を聴き取り，それらの働きが生み出すよさを感じ取りながら，即興的に表現すること通して，音楽づくりの様々な発想を得ている。	態　反復するコード（和音）進行に興味・関心をもち，音楽活動を楽しみながら主体的・協働的に音楽づくりの学習活動に取り組もうとしている。

5 指導と評価の計画（全4時間）

次	○学習内容	指導上の留意事項	評価規準
第一次（第1時）	ねらい：C, Am, Dm, G の響きやその移り変わりを聴き取り，その働きを感じ取る。		
	○単音，和音について，以前の学習を振り返る。 ○C（ドミソ）－ Am（ドミラ）－ Dm（レファラ）－ G（シレソ）の和音進行（循環コード）を表現する。 ○和音の移り変わりを感じ取る。	・五線黒板で単音ドと和音ドミソを示し，5年の学習を振り返らせる。 ・学級を二つに分け，一つのグループに和音を一人1音ずつ分担しグロッケン等で演奏させ（Cの和音ならどとミとソのように），もう一つのグループに聴かせる。感じたことについて話し合う。 ・C － Am － Dm － G の和音進行において，最後の和音がCの時の終止感を共有する。	思①
第二次（第2時）	ねらい：C － Am － Dm － G － C の和音進行における和音と旋律との関係を知る。		
	○和音と旋律の役割に分け，教科書の作品例を演奏する。 ○旋律と和音の関係を考え， ①各小節のはじめの音は和音の構成音でできていること， ②構成音以外は「経過音」等であること，を学ぶ。 ○音楽づくりに思いをもつ。	・旋律と和音との響き合いの美しさを感じ取れるようにする。 ・和音の構成音と進行，旋律をプリントの五線譜に書かせることで，旋律と和音との関係を視覚的に捉えさせ，感じ取ったことと，旋律と和音との関係の関わりについて考えさせるようにする。 ・基本の和音進行の他に，Am － Dm － G － C（＋C）のマイナーから始まるもの，「カノン」のC － G － Am － Em － F － C － F － G（＋C）等の循環コードを楽譜と音楽とで示す。 ・思いに近い和音進行を児童に選ばせる。	知
第三次（第3・4時）	ねらい：繰り返しの和音進行に合わせ，4分の4拍子，（4×2）＋1小節の旋律をつくる。		
	○つくるための条件を確認する。 ○同じ和音進行を選んだ四人一組で試行錯誤しながらリコーダー等で旋律をつくる。 ○旋律ができたら，4人で続けて演奏する。 ○4人でも一斉に9小節を演奏できるようにする。 ○学習を振り返る。	・4人で，一人1小節を分担し，4分の4拍子，（4×2）＋1小節の旋律をつくる。 ・リコーダーの表現に不安を覚える児童には木琴等をつかって表現させる。 ・タブレット機器が使えるときには，プログラミングソフトで循環コードの伴奏をつくり，合わせて演奏させてもよい。 ・グループにより進度や活動に違いが出てくることから，2時間続きで展開できるとよい。	思② 技 態

108

6 本時の流れ（3，4／4時間）

○学習内容　・学習活動	教師の主な発問と子供の状況例	評価規準と評価方法
ねらい：繰り返しの和音進行に合わせ，4分の4拍子，（4×2）＋1小節の旋律をつくる。		

○学習内容　・学習活動	教師の主な発問と子供の状況例	評価規準と評価方法
○つくるための条件を確認する。 　（◎思いに合ったコード進行を選んだ人でグループになっている。） 　①小節のはじめの音は和音の構成音とする。 　②小節数は4×2＋1小節。「カノン」を選んだ人は8×2＋1小節。 　③（AさんBさんCさんDさん）×2＋ドの順で演奏する ○同じ和音進行を選んだ四人一組で試行錯誤しながらリコーダー等で旋律をつくる。  ○旋律ができたら，4人で続けて演奏する。  ○4人でも一斉に9小節を演奏できるようにする。  （必ず演奏を先とし，記録することを先にしないようにする。） ○学習を振り返る。	「さぁ，いよいよ循環コードをもとにアドリブで音楽をつくりましょう。同じ循環コードを選んだ人でグループになっていますね」 「それぞれの最初の音は，和音をつくっている音ならどの音から始めてもいいけれど，リコーダーの低いドやレは，きれいに吹くのは少し難しいかもしれないですよ」 ・じゃあ，左手で吹けるソラシドレのどれかから始めようっと。決めた！ 「（左下の図を示しながら）一人1小節ずつ2回吹くことになりますよ。旋律の最後は終わる感じのドにする約束にしましょう」 ・ぼくは3小節目にやるよ。1小節目と同じリズムにしてみよう。木琴でやるね。 ・私はカノンの循環コードの最初のドミソと5番目のドファラの小節に挑戦するね。 「それではアドリブで音楽をつくってみましょう。最初はゆっくりでいいですよ」 ・A：ドーソー，B：ララミー，C：レーラー，D：ソソソー…＋ドーーー等 ・できた！　今度はリズムを工夫してみよう。 「順番に演奏できたら，全員で全員のメロディーを演奏するのに挑戦してみてもいいですよ。友達のメロディを忘れそうだったら，自分で分かるようにプリントに工夫して残しておいてください」 「タブレットで循環コードの伴奏が流れるようにしておきました。速さの工夫はしてくださいね」 ・Bさんは何てやったの？　ドレミをカタカナで書いておけばいいかな。	思② 発言 観察 技 聴取 態 発言 観察

7 授業づくりのポイント

❶ 和音の響きや和音が移り変わる様子を，自分たちで演奏して聴き，感じ取らせる

　第一次では，和音の響きが生み出すよさを感じ取らせるために，和音を一人１音ずつ分担して演奏させ，感じたことについて話し合う活動を設定しました。加えて，自分が楽器を演奏しながら響きを聴き取ることが難しい児童のために，学級を二つに分け，一つのグループは（Ⅰの和音ならソとミとドのように）演奏し，もう一つは聴く。その後，もう一つのグループが交代して行う，というように，聴くこと，感じ取ることに集中させます。

　演奏させる楽器は，ハンドチャイムがあれば和音の響きの働きのよさに「おぉ…」と思わず声が上がることも多いですが，鉄琴やビブラフォーン等の響きが長く残る楽器がよいでしょう。もちろん，鍵盤ハーモニカでも可能です（リコーダーの際には，低いシが出ないので高いシで演奏させる等の注意が必要です）。

❷ 五線譜に書かせることで，旋律と和音の関係を視覚的に捉えさせるようにする

　教科書にある作品例の楽譜を参考に，和音の構成音と進行，旋律をプリントの五線譜に書かせることで，旋律と和音との関係を視覚的に捉えさせるようにしました。とはいえ，始めから書かせていては，時間的に肝心の学習にまでたどり着けません。穴埋めのプリントを使い，視覚的に捉えられるようにしました。この活動を通して，旋律と和音との関係を考え，①小節のはじめの音は和音の構成音でできていること，②構成音以外は「経過音」等であること，を知らせます。最後に思いや意図を聞いておくことで，次時のグループづくりの参考とします。

気付いたことは？＿＿＿＿＿＿＿＿＿＿＿＿＿＿＿＿＿＿＿＿＿

2　実際に音に出して、和音と旋律との関わりを聴き取り、よさを感じ取ろう。

3　次の時間、じゅんかんコードをもとにアドリブであそぼう。どんな音楽で遊びたい？

＿＿＿＿＿＿＿＿＿＿＿＿＿＿＿＿＿＿＿＿＿＿＿＿＿＿＿＿＿＿

どの和音の移り変わりがいいですか？
（①「教科書の例」ドミソ・ドミラ・レファラ・シレソ　②「順番を変えると…どんな感じ？」ドミラ・レファラ・シレソ・ドミソ
③「カノン」ソドミ・ソシレ・ミラド・ミソシ・ドファラ・ドミソ・ドファラ・レソシ　☞これは少し難しいかも　）

❸ 伴奏をソフトで演奏させてみる

　第三次で児童は，和音の響きや旋律との関わりを聴き取り，それらの働きが生み出すよさを感じ取りながら，アドリブを楽しみます。伴奏の和音の響きを聴き取らせるためには，指導者が循環コードの伴奏を演奏したり，グループの人数を工夫し，誰かが伴奏を演奏したりすることが考えられますが，学級に指導者は一人，また，全ての児童がすぐに伴奏を演奏できるというわけではありません。

　そこで，プログラミング学習ソフトを伴奏機器として使ってみてはいかがでしょうか。小学生でも簡単にプログラミングができるソフトを音楽科では音楽づくりに活用すること

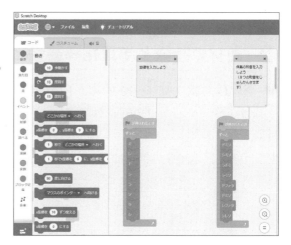

※ Scratch は，MIT メディア・ラボのライフロング・キンダーガーテン・グループの協力により，Scratch 財団が進めているプロジェクトです。https://scratch.mit.edu から自由に入手できます。

が多いのですが，本実践では自動伴奏機器として使っています。あらかじめ循環コードが鳴るようにプログラミングしておき，何回繰り返すか，どのくらいの速さで演奏させるか，などを児童にプログラミングさせるようにします。多くの児童が，確実に和音の響きと旋律との関わりを味わえることでしょう。

（西村　美紀子）

16 日本の楽器の音色に親しもう

学年・活動 **第5学年・鑑賞** 主な教材 **「春の海」**

本題材で扱う学習指導要領の内容

2内容　B鑑賞　(1)鑑賞ア，イ　〔共通事項〕(1)ア
思考・判断のよりどころとなる主な音楽を形づくっている要素：音色，旋律，音楽の縦と横との関係

1 題材の目標

○「春の海」の曲想及びその変化と，音楽の構造（二つの和楽器の音色や旋律の重なり方など特徴）との関わりについて理解する。

○「春の海」の音色，旋律，音楽の縦と横との関係を聴き取り，それらの働きが生み出すよさや面白さ，美しさを感じ取りながら，聴き取ったことと感じ取ったこととの関わりについて考え，曲や演奏のよさなどを見いだし，曲全体を味わって聴く。

○尺八や箏の音色や演奏の仕方，及びそれらで表現される曲の特徴に興味・関心をもち，音楽活動を楽しみながら主体的に鑑賞の学習活動に取り組み，和楽器の音楽に親しむ。

2 題材の特徴と学習指導要領との関連

❶ 本題材で扱う教材「春の海」の特徴

　教材「春の海」は，明治時代に宮城道雄によって作曲されました。西洋音楽の要素を古来の邦楽に取り入れ，以降の邦楽の新しい方向性を示し，世界へ邦楽が広まる道を開きました。また，十七弦，八十弦の箏をはじめ，楽器の改良や開発にも取り組みました。本教材「春の海」は，A−B−Aの三部形式で構成されています。箏で繰り返される特徴的なフレーズに尺八のゆったりとした旋律が重なって始まる冒頭の部分が印象的で，誰もが新春の寺社等で耳にしたことがあるでしょう。親しみやすく日本の楽器の響きのよさを味わうことに適した教材といえます。

❷ 「和楽器の音色に親しむ」学習の位置付け

　日本の音楽に親しむ学習は，低学年のわらべうた，遊びうたに親しむことに始まり，中学校での和楽器を含む我が国や郷土，世界の音楽を取り上げる学習に至るまで，9年間を通して系統性をもちながら進められます。中学校での和楽器の学習を見通し，児童の発達段階に合わせて，日本の音楽に親しみ，大切にしようとする心情を育むことが大切です。地域の指導者や実演家による，実際の演奏を鑑賞する機会を設ける等人材の活用を図ったり，適切な音源や映像を用いたりするなど，主体的な学びを促すための手立てを積極的に取り入れたい学習です。

3 主体的・対話的で深い学びの視点による題材構成のポイント

❶ 主体的に感じ取る手がかりを示す

　鑑賞の活動では，何を感じ取ったかを児童が主体的に表現する場面が大切です。高学年の学習では，自分が感じ取ったことと音楽を形づくっている要素とを関連付けている児童の意見を全体に示し，感じ取ったことの根拠を具体化するように価値付けていきます。児童は，音の動きを図形で表したり音から受ける印象を情景に結び付けたり，自分が感じ取ったことを文や言葉を適切に選んで表現するようになります。このようなことを教師が意識することで，後述の他者との対話の場面で，児童がより相手の意見を理解することにつながるのです。

❷ 進んで和楽器に親しむ

　和楽器が身近にあるかどうかは学校の地域や環境によって，また児童の状況によっても異なります。機会を捉えて，和楽器に親しむことは，日本の伝統文化や歴史を大切にする心情を培うことにつながります。実際の楽器，曲，音色，楽譜などに触れる機会を積極的につくり，そのよさを共有することが，主体的な学びの実現につながり，日本の文化や世界の多様な文化を尊重する態度を涵養することになるのです。

❸ 対話を通して感じ取ったことを共有する場面をつくる

　「対話的で深い学び」を実現するためには，自分の考えや意見をもつことが大切です。鑑賞の活動では，授業内に子供同士の対話の場面を積極的に設定し，児童が自らの考えや意見の音楽的根拠を示すようにすることが必要です。示された根拠に基づいて，友達との共通点や感じ方の違いを共感的に受け止めることが，自分自身の学びを深めることになります。このような学びに向かう姿勢が，よりよい他者理解につながります。

鑑賞 ····· 5年

4 題材の評価規準

知識・技能	思考・判断・表現	主体的に学習に取り組む態度
知　「春の海」の曲想及びその変化と，音楽の構造との関わりについて理解している。	思　「春の海」の音色，旋律，音楽の縦と横との関係を聴き取り，それらの働きが生み出すよさや面白さ，美しさを感じ取りながら，聴き取ったことと感じ取ったこととの関わりについて考え，曲や演奏のよさなどを見いだし，曲全体を味わって聴いている。	態　尺八や箏の音色や演奏の仕方，及びやそれらで表現される曲の特徴に興味・関心をもち，音楽活動を楽しみながら，主体的に鑑賞の学習活動に取り組もうとしている。

5 指導と評価の計画（全2時間）

次	○学習内容	指導上の留意事項	評価規準
第一次（第1時）	ねらい：「春の海」の曲の特徴を理解するとともに，主旋律を演奏する和楽器に親しむ。		
	○「春の海」を聴く。	・春の海の様子が分かる映像や画像などを提示する。	知
	○AとBの主旋律の楽譜を見ながら聴き，曲の構成と，曲想の変化との関わりに気付く。	・A−B−Aという構成が分かるように表や楽譜を示す。	
	○演奏している和楽器（尺八，箏）を知る。	・箏は調弦しておき，基本的な演奏の仕方が分かるように範奏する。 ・数人のグループをつくり，順番に演奏できるようにする。	
	○実際に演奏する体験を通して和楽器（箏）に親しみ，音色のよさや演奏の仕方について理解する。	・柱を倒さないよう注意し，「春の海」の冒頭の部分を，箏譜を手がかりに演奏する。 ・なるべく多くの時間を取り，箏の音色のよさを実感できるようにする。	
第二次（第2時）	ねらい：二種類の和楽器の特徴を捉えながら，二つの旋律の重なり方のよさを味わって聴く。		
	○主旋律を口ずさんだり演奏したりする。	・箏の冒頭の音の動きを演奏したり，アルトリコーダーで尺八の冒頭の旋律を演奏したりする。	思
	○AとBの部分の楽譜を見ながら，それぞれの部分の曲や演奏のよさを見いだす。	・映像や画像などで，箏や尺八でどのように演奏されているかを提示する。 ・二つの旋律（尺八，箏）の重なり方の特徴に目を向けさせる。	
	○「春の海」，学習カードに記入しながら，全体を通して聴く。	・学習カードには，次のことを記入できるようにする。 　・感じ取ったことと，その手がかり（音楽を形づくっている要素の働き） 　・曲や演奏のよさ	
	○4〜6人の少人数のグループで意見交換をする。	・自分と友達の表記について，共通点や相異点などに着目するよう促す。	態
	○意見交流したことをもとに，再度，全体を味わって聴く。	・二つの旋律の重なり方の特徴を基に，よさを述べている意見を全体で共有する。 ・学習カードの曲や演奏のよさに加筆してもよいことを伝える。	

6 本時の流れ（1／2時間）

○学習内容　・学習活動	教師の主な発問と子供の状況例	評価規準と評価方法
ねらい：「春の海」の曲の特徴を理解するとともに，主旋律を演奏する和楽器に親しむ。		
○「春の海」を聴く。 ・どんな場所で耳にするかを想起する。	「みんなもどこかで聴いたことがある曲を聴いてみましょう」 ・お正月に，テレビや神社で聴いたことがある。 ・和風な感じがする。	
○AとBの主旋律の楽譜（五線譜）を見ながら，曲の構成と，曲想の変化との関わりについて理解する。 ・A－B－Aの構成を理解する。 ・Bの部分の曲想の変化を感じ取る。	「途中で曲の感じが変わりましたね。Aの部分とBの部分を楽譜で見てみましょう」 ・Bは速くなった。音の動きが激しくなった。 ・最初の部分に，戻るんだね。	知 発言 観察 鑑賞カード
○演奏している和楽器（尺八，箏）を知る。 ・箏や尺八の実際の大きさを知ったり名前の由来を知ったりする。	「和風な感じがしましたね。どんな楽器で演奏されているのでしょう」 ・演奏をテレビで見たことがあるよ。 ・ギターみたいに弦を弾くんだね。 ・手に何かをつけて弾いているよ。 ・自分たちも弾いてみたいな。	
○和楽器に触れ，音色のよさや演奏の仕方について理解する。 ・面が傷つかないよう柱を倒さないことに注意して音を出す。 ・尺八のパートもアルトリコーダーやオルガンの音色を設定するなどして合わせて演奏する。 ・箏譜を示し，演奏していない児童も音を読み上げたり弦の位置を示したりして箏に親しむ。	「日本の楽器に触れてみましょう。どんな音色がするのでしょう」 ・爪で弾くんだね。 ・箏の楽譜ってどんなのかな。春の海も演奏できるのかな。 ・二つのパターンの繰り返しなんだね。その二つも似ているよ。 ・いつも見ている楽譜と違って，弦の位置が漢数字で書かれているんだね。	

鑑賞
5年

7 授業づくりのポイント

❶ 日本の楽器に親しむ

本題材では箏を取り上
げ，音色や楽器の姿，音
の出る仕組みなどを知る
ことで音色のよさを実感
しながら感じ取ることを
目指しています。尺八は，

児童が音を出すまで時間がかかりますが，箏は，
爪を付けて弾くだけですぐに音を出すことがで
きます。また，きちんと調弦することで，既習
曲「さくらさくら」や本教材「春の海」の一部
冒頭部分などを演奏することもできます。

　五線譜は音の動きを視覚的に見ることができ，冒頭の海を思わせる部分などを捉える手がか
りになります。さらに本題材では，児童に箏譜も示すことにしました。箏譜には，箏と尺八が
並び表記されているもの，技法で示されているものなどもありますが，今回示した箏譜は，漢
数字で表されているものにしました。譜の漢数字は，箏の奥から手前に向かって一，二，三…
斗，斗，巾まで，順に並んでいる弦に対応しています。そして，冒頭の箏譜を提示することで，
五線譜とは異なる日本の音楽の特徴に触れることができると考えました。児童は，漢数字を手
がかりとして箏を演奏でき，身近に感じることができるでしょう。

　尺八の部分は，5年生でアルトリコーダーの導入が始まっていれば，アルトリコーダーで演
奏することにより，実音に近い音で曲の雰囲気を捉えることができます。技能を習得すること
よりも，曲のもつよさや和楽器の響きにひたることを大切にしたいです。

　※ここでは平調子から四，九を一音上げます。

　一拍目の音は左手で箏柱の左側の弦の部分を弾くと1オクターヴ低い音が鳴り，
さらに実際の演奏に近付きます。
（上の写真の箏は平調子のまま。まず，平調子に調弦し，前述（※）「春の海」を
演奏するための調弦をします。）

箏　五線譜

箏譜

116

❷ 和楽器の演奏の仕方を知る

　尺八は「首振り三年」という言葉があるように，鳴らすまでに時間のかかる楽器と言われています。音を出す仕組みはビンを吹いて鳴らす場合と同じですが，なかなか目指すような音色が出ないのが実際です。

　本題材は鑑賞の活動ですが，和楽器のよさに触れる大切な機会でもあります。地域等に実際に演奏できる指導者や演奏家がいらっしゃれば，生の音を聴かせていただく貴重な機会になると考えられます。

　曲全体を聴いて，曲の感じを味わう場合は，映像を見せるのではなく，音源のみを鑑賞する方が適しています。演奏方法や演奏者の動きなどの部分を見せたい場面では，映像や画像などで視覚的に捉えられるとよいです。曲のBの部

〈学習カードの例〉

	A	B	A
感じた こと	おだやかな波	● · ∴·	
手がかり	ことが同じリズムをくりかえす	速さ ことを強くひいている 呼びかけとこたえ	

曲や演奏のよさ
　わたしは，少しにぎやかな感じになったBのところで，ことと尺八が，呼びかけとこたえのようにお話しているところが好きです。ここが面白いなと思うのは，Aがおだやかな感じになっているからだと思います。

分の箏の速い動き，弦を弾く様子，尺八の奏者の息を吹き込む姿など，曲の中の音の動きと実際の演奏の仕方を合わせて理解することで，曲への親しみも一層深まると考えます。

❸ 対話を通して感じ取ったことを共有する

　曲全体を聴く活動が進み，児童が自分の感じ取ったことを図や言葉で表現できたら，互いに学習カードを見せながら小グループで交流する場面を設定するとよいでしょう。ここでの子供同士の対話を通して，友達の感じ取ったこと，それを表す言葉や図などの表現の違いに触れることができます。「自分と同じことを感じても表し方が違うんだな」「その表現の方がもっとぴったりくる」等，他者を受容したり共感的に受け止めたりする態度を養うことにつながります。

　鑑賞カードは，相手に伝える際に提示して活用できるような大きさのものがよいです。感じ取ったことを色や図形で表す活動は，他の曲の鑑賞の活動でも行われていると思います。一人ずつの発表にとどまらず，高学年の学習として自分が感じ取ったことの手がかりを相手に示し，互いの理解をより深めるための対話的な学びの実現を目指してほしいです。

（村野　佐千亜）

17

曲の面白いところを見つけてきこう

第5学年・鑑賞　主な教材 「剣の舞」

本題材で扱う学習指導要領の内容

2内容　B鑑賞　(1)鑑賞ア，イ　〔共通事項〕(1)ア
思考・判断のよりどころとなる主な音楽を形づくっている要素：音色，呼びかけとこたえ（合いの手）

1 題材の目標

○「剣の舞」の曲想及びその変化と，音楽の構造との関わりについて理解する。

○「剣の舞」の音色，呼びかけとこたえを聴き取り，それらの働きが生み出すよさや面白さなどを感じ取りながら，聴き取ったことと感じ取ったこととの関わりについて考え，曲のよさなどを見いだし，曲全体を味わって聴く。

○「剣の舞」の音楽の特徴に興味・関心をもち，音楽活動を楽しみながら主体的・協働的に鑑賞の学習活動に取り組む。

2 題材の特徴と学習指導要領との関連

❶ 本題材で扱う教材「剣の舞」の特徴

　教材「剣の舞」（ハチャトゥリアン作曲）は，3分弱と短く，また，運動会やCMなどで耳にしたことがある有名の曲なので，普段クラシックを聴かない児童でも最後まで集中力を持続して聴くことができます。ティンパニによる伴奏のくり返しから始まり，木琴（シロフォン）のけたたましい感じの特徴的な旋律が現れます。その旋律の合間には，トロンボーンのグリッサンドによる「合いの手」（呼びかけとこたえの一種）が入り，面白い聴きどころとなります。

　本題材では，これらの特徴の中でも特に合いの手を既習曲「ソーラン節」と比較して聴き取ることができるように指導していきます。日本と西洋の違いはありますが，音楽には呼応する関係のように，同じような特徴が表れる面白さがあることを理解するように指導していきます。

❷ 「曲や演奏のよさなどを見いだし，曲全体を味わって聴く」学習の位置付け

　この曲のよさを生み出している音楽的な根拠の一つが「合いの手」です。合いの手とは，「フレーズとフレーズの間に調子よく入れて演奏される部分」のことです。「ソーラン節」でいう「ハイハイ」のかけ声や，「幸せなら手をたたこう」の手拍子がそれにあたります。まずは全員で合いの手を聴き取り，その後ティンパニの低音の繰り返しなど他の要素へ気付きを広げて，最終的には，お気に入りの面白いところ（曲や演奏のよさ）を紹介する活動につなげていきます。

3 主体的・対話的で深い学びの視点による題材構成のポイント

❶ 児童の興味・関心を引き出すしかけを設定する

児童が主体的に鑑賞活動に取り組むためには，見通しをもてるようにすることが大切です。そのためには，毎時間の学習のめあてが重要になります。その際，「ハチャトゥリアンからの指令書」などというように，魅力的な提示の方法を工夫すると，児童はやる気をもって取り組みます。本題材では，「剣の舞」の面白いしかけに気付くような文面にして，巻物風の掲示物をつくり，授業の雰囲気づくりにつなげています。

❷ 鑑賞活動に体の動きや歌を取り入れる

児童が，音楽の特徴をつかむようにするには様々な手立てを工夫することが大切です。例えば，「剣の舞」では主旋律の木琴（シロフォン）に気付かせたい場合は，木琴の旋律を歌ったあとに「この旋律を演奏している楽器は何でしょう？」と尋ねると，木琴に気付くことができます。そして，さらに演奏のまねをすることで，そのリズムの細かさや速度感に気付き，音楽の特徴について実感を伴って理解することができます。このように，効果的に体の動きや歌を取り入れることにより，より深く音楽の特徴を捉えることができます。

❸ 協働学習などで対話する場面を設定する

曲の特徴の理解を深めていくためには，グループでの対話が効果的です。一人一人の聴き取りや感じ取りの違いを生かし，共有し，学びを深めていくという，実りのあるグループ活動にするためには，まず個の活動で自分の考えや意見をもち，その後，グループで集まり，それぞれの意見を交流し，考えを深めていくことが重要です。聴き取りが難しい児童や，意見をうまく言葉に出せない児童も，グループで意見交換することで新たな気付きが生まれます。この段階を踏むと，全体の場で意見を共有するときの発表意欲の向上にもつながります。

4 題材の評価規準

知識・技能	思考・判断・表現	主体的に学習に取り組む態度
知 「剣の舞」の曲想及びその変化と，音色や呼びかけとこたえなどの特徴との関わりについて理解している。	思① 「剣の舞」の音色，呼びかけとこたえを聴き取り，それらの働きが生み出すよさや面白さなどを感じ取りながら，聴き取ったことと感じ取ったこととの関わりについて考えている。 思② 「剣の舞」の音色，呼びかけとこたえを聴き取り，それらの働きが生み出すよさや面白さなどを感じ取りながら，聴き取ったことと感じ取ったこととの関わりについて考え，曲のよさなどを見いだし，曲全体を味わって聴いている。	態 「剣の舞」の音楽の特徴に興味・関心をもち，音楽活動を楽しみながら主体的・協働的に鑑賞の学習活動に取り組もうとしている。

鑑賞 5年

5 指導と評価の計画（全2時間）

次	○学習内容	指導上の留意事項	評価規準
第一次（第1時）	**ねらい：体を動かす活動などを通して，曲の特徴に興味をもつ。**		
	○「剣の舞」のAを聴く。 ・楽器のリズムや速度などの特徴に気付く。 ○既習曲「ソーラン節」を聴く。 ・「剣の舞」と「ソーラン節」とを比較し，共通点（呼びかけとこたえ）を見付ける。 ○次時の学習の見通しをもつ。	・どんな楽器の音色が聴こえたか確認する。 　伴奏：ティンパニ，主旋律：木琴，バイオリン，合いの手：トロンボーン ・楽器のまねの動きパターンを共有する。 ・音の形を表した図形楽譜を掲示する。 ・グループで共有するワークシートを配付。 ・既習した「呼びかけとこたえ」の「まねっこ」とは異なる点を押さえる。 ・次時の学習に期待感をもたせるようにする。	思①
第二次（第2時）	**ねらい：合いの手の特徴への理解を深めながら，曲の面白いところ（曲のよさ）を見いだして演奏プログラムの解説文をつくり，曲全体を味わって聴く。**		
	○合いの手を意識しながら聴く。 ○合いの手のある数曲を聴き，どこで合いの手が出てくるのか，探す。 （参考曲） 「幸せなら手をたたこう」 「タイプライター」 「きよしのズンドコ節」 ○合いの手に着目しながら，全体を通して聴く。 ○剣の舞が，A–B–Aという構成であることを理解する。 ○演奏会プログラムの曲紹介をつくる。 ○曲紹介をいくつか共有し，最後は全体を味わって聴く。	・参考の音源やVTRを用意する。 ・合いの手は，フレーズとフレーズの間に短く入ることに気付くようにする。 ・参考曲と比較して，共通して現れる合いの手の特徴を共有する。 ・演奏が分かる映像で鑑賞する。 ・図形楽譜を掲示する。 ・ハチャトゥリアンについてまとめたスライド資料を用意する。 ・ワークシートを配付。音楽的な理由を基に，曲のよさを伝える解説をつくるよう促す。 ・特徴的な曲紹介をいくつか紹介して共有する。	知 思② 態

6 本時の流れ（1／2時間）

○学習内容　・学習活動	教師の主な発問と子供の状況例	評価規準と評価方法
ねらい：体を動かす活動などを通して，曲の特徴に興味をもつ。 　　　　（ハチャトゥリアンが取り入れた面白いしかけを見付けよう）		
○「剣の舞（0:45まで）」を聴く。 ・3枚の踊りの写真（日舞・舞踏会・バレエの剣の舞）から，どの踊りかイメージをしながら聴く。 ・作曲者からの指令書を読む。 ○楽器のリズムや速度の特徴に気付く <u>どうして速く感じるか</u> ・シロフォンの旋律を口ずさむ。 ・単独演奏の映像を見る。 ・演奏のまねをして，リズムの細かさや速さを実感する。 ・シロフォン＋バイオリンの演奏映像を観る。 <u>どうして力強さを感じるか</u> ・ティンパニのあるなしの演奏を聴き比べて，雰囲気の違いを感じ取る。 ・グループで分担して，四種類の演奏のまねをする。 ○既習曲「ソーラン節」を聴く。 ・「剣の舞」と比較し，グループ活動を通して共通点（呼びかけとこたえ）を見付ける。 ○次時の学習の見通しをもつ。	「どんな感じがするか考えながら聴きましょう」 ・迫力がある，強い感じ，速い 「この写真の中で，曲に合う踊りはどれか考えながら聴いてみましょう」 ・急かされるから，日舞や舞踏会でないよ。 ・ハチャトゥリアンから，演奏会プログラムで「剣の舞」の曲紹介を頼むって。 「速い感じ，力強い，というのは，皆さん発表してくれた第一印象です。そのように感じた理由を探っていきましょう」 ・シロフォンが細かいリズムを演奏していたんだね。だから速く感じたんだ。 ・さらにバイオリンが焦らすような演奏をしているね。 「ティンパニが加わることで，音楽の雰囲気が変わることが感じ取れましたね」 ・演奏の特徴が伝わるように，木琴，バイオリン，トロンボーン，ティンパニのまねをさせる。 「『ソーラン節』には，『剣の舞』と同じ特徴があります。それは何でしょう」 ・「合いの手」／・ソーラン節の「ハイハイ」のところ／・二つともまねっこではないね／・こたえにしては短いのが特徴かな？	思① 発言 観察 ワークシート

鑑賞…5年

7 授業づくりのポイント

❶ 音を形にした図形楽譜を活用する

音楽は一瞬で消えてしまいます。その音楽を聴き取って，特徴をつかんだり，話合いをしたりするには図形楽譜があると便利です。

音のイメージが色や形になっており，音の高さも表せる図形楽譜を用意して，

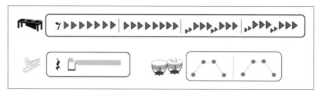

※教育出版『小学音楽 音楽のおくりもの5』の図を参考に，許可を得て作成したもの

出てくる順番に並べたり，音色の特徴を話し合ったりするなど，この図形楽譜を基に児童が話合いを進めることができます。聴き取る場面では，図形楽譜を頼りにして音を探したり，旋律に合わせて動かしながら図形楽譜を指し示したりすると楽器の音色に気付くことができます。

❷ 学習のゴールを設定する

各題材の学習のゴールを，児童が把握できるようにすることが，見通しをもった学習につながります。そのゴールに向けて，どのような学びが必要かということを，児童自身が理解することができます。

本題材では，最終的に「演奏会プログラムの曲紹介を書く」というゴールを設定し，そこに向けて学習を進めてい

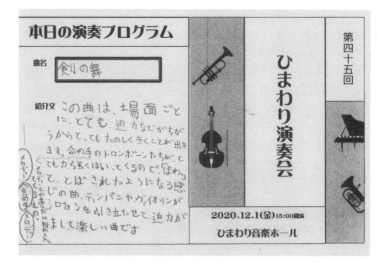

きます。人に紹介をするという目的意識が生まれ，曲のどの部分を紹介しようか，どんな面白い特徴があるだろうか，という視点で鑑賞を深めていくことができます。このような学習は，生活や社会の中の音や音楽と主体的に関わっていくことにつながるものです。

❸ 作曲者や「剣の舞」についてのスライド資料を活用する

作曲者のハチャトゥリアンについて整理したスライド資料でまとめを行うと，児童の興味・関心を持続させたまま取り組むことができます。ハチャトゥリアンが，一夜でこの曲を書き上げたことや，紙幣になるほどの有名人だという小話に児童は驚きます。

最後には，小澤征爾指揮・ベルリン・フィルのライブ映像を見て，曲全体を味わいました。この映像は，各楽器が活躍するところにカメラがいくので，曲の面白いところを見付けやすくなっているところがポイントです。

❹ 様々な視覚教材の情報を集め，場に応じて取り入れる

　音楽の授業では，様々な視覚教材を用いることが多々あります。音源一つをとっても，数ある録音の中から，その題材にあったものを探す努力が必要です。CDやTV，ラジオ，インターネットなどで教材に適したものはないか，使えるものはないか，という視点で常にアンテナを張って情報収集しているとよい資料に出会えることがあります。

　本題材では，指導計画の第一時に図形楽譜の映像を用いて授業を進めていきます。使う映像資料は，NHK for school の「音楽ブラボー」というEテレの番組のものです。小学校3〜6年対象の番組で，音楽のいろんな領域をテーマにして，分かりやすく説明されています。

音楽ブラボーの動画
http://www.nhk.or.
jp/ongaku/bravo/

　今回は「【鑑賞編】音楽のしかけを探ろう」（2020年度，第10回，6月16日放送）の中から，2種類の映像を使用します。

　一つは，「剣の舞」の面白いしかけをしている楽器（木琴・バイオリン・ティンパニ・トロンボーン）が一つずつ取り上げられている動画です。オーケストラ全体の響きの中では見付けにくい旋律も，単独に演奏される映像を見ると理解できます。

　本題材では，まず「スピード感のしかけ」と題した木琴だけの単独映像を見せます。その次に，木琴の裏で「ンタンタンタンタ」と演奏しているバイオリンが入った2種類の楽器の映像を見せます。そして，「力強さのしかけ」と題したティンパニが加わった映像を見せます。この段階で「剣の舞らしくなってる！」と児童の歓声が上がります。最後にトロンボーンが入った4種類の楽器の映像を見せ，「合いの手＝トロンボーン」のあるなしを比較し，その役割や面白さについて，全体で話し合う場を設けます。このように，一つの楽器が理解できたら，もう一つ組み合わせて，二つの楽器での演奏…といったように，一つずつ楽器が増えていくので，楽器同士の音色の関わりを感じ取ることができ，オーケストラの響きになってもはっきりと聴き取ることができます。

　もう一つは，「剣の舞」の音楽に合わせて，図形楽譜に色がついていく動画です。出てくる楽器ごとに図形楽譜が現われ，その楽器の音とともに流れていくので，楽譜の読み方の理解も進んでいきます。図形楽譜は，楽器の音色に合わせて，色と形が異なっているので，一瞬で見て分かるので非常に便利です。楽譜は記号なので児童にとっては分かりづらい部分もありますが，先ほど述べた単独演奏の映像を最初に見て，その後でこの図形楽譜の映像に移ると演奏の様子もイメージできるので理解が早いです。

　これらの視覚教材を使用した後，音楽のみで曲全体を通して鑑賞すると，児童は曲中の楽器や楽器同士の関わり，音色の特徴などの理解を伴った聴取になり，鑑賞がより深まります。

（佐藤　まり子）

18

曲想のうつり変わりを味わおう

学年・活動 **第5学年・鑑賞** 主な教材 **「ハンガリー舞曲第5番」**

本題材で扱う学習指導要領の内容

2内容　B鑑賞　⑴鑑賞ア，イ　〔共通事項〕⑴ア
思考・判断のよりどころとなる主な音楽を形づくっている要素：速度，旋律，変化

1　題材の目標

○「ハンガリー舞曲第5番」の曲想及びその変化と，音楽の構造との関わりについて理解する。

○「ハンガリー舞曲第5番」の速度，旋律，変化を聴き取り，それらの働きが生み出すよさや
面白さ，美しさを感じ取りながら，聴き取ったことと感じ取ったこととの関わりについて考
え，曲や演奏のよさを見いだし，曲全体を味わって聴く。

○「ハンガリー舞曲第5番」の音楽の特徴に興味・関心をもち，音楽活動を楽しみながら主体
的・協働的に鑑賞の学習活動に取り組む。

2　題材の特徴と学習指導要領との関連

❶ **本題材で扱う教材「ハンガリー舞曲第5番」の特徴**

　教材「ハンガリー舞曲第5番」（ブラームス作曲）は，もともとはピアノ連弾用に作曲され
ました。今回は，シュメリング編曲のオーケストラ編成版を教材として扱います。

　本楽曲は，A（短調）①②－B（長調）③④－A（短調）①②の三部形式からなっています。
A，B中でも，①と②，③と④では曲想が変わり，旋律の反復や変化を捉えやすいのが特徴で
す。曲想及びその変化と，音楽の構造との関わりについて理解することに適した教材です。

❷ **「曲想及びその変化と，音楽の構造との関わりについて理解する」学習の位置付け**

　この事項は，B鑑賞⑴イに示されており，鑑賞の学習を通して育成する「知識」に関する資
質・能力に当たる内容です。ハンガリー舞曲第5番の「曲想及びその変化と，音楽の構造との
関わりについて理解」するとは，例えば「Aは，追いかけられている感じがするけど，静かに
隠れている感じのところもある。速さと音の大きさの変化に特徴があるね。Bになると，短調
から長調に変わり明るい感じになる。速さと音の大きさの変化は，Aと同じだね」といったこ
とを，児童が自ら理解することです。そのためには，児童が，聴き取ったことと感じ取ったこ
ととの関わりについて考えながら，気付いたことを伝え合ったり，特徴的な部分を取り出して
聴いて確かめたりすることができるよう，指導を工夫することが大切です。

3　主体的・対話的で深い学びの視点による題材構成のポイント

❶ 教具の工夫により，深い学びを実現する

　鑑賞の授業は，曲を聴いて気付いたことを一部の児童が発言するというパターンで進むことが多く見られます。そこで，教具を工夫して作成・準備することで，全員が主体的に学習できる場を設けることができると考えます。ICT を活用したグループの話合いを行ったり，支援が必要な児童へのヒントカードを配付したりすることで，全員の考えを大切にした学習を行い，深い学びにつなげていくことになります。この際，グループの話合いによって児童が考える部分と，全体の話合いで児童の意見から曲を確認する場面など，教師が教える部分をどのように組み立てるのかを計画することが大切です。

　また，曲を聴きながら指揮のまねをしたり，体を揺らしたり，手拍子（手合わせ）をしたりするなど，体の動きを使った表現を取り入れることが効果的です。このような活動の中で，「この演奏のこの部分が好きだ」や，「この曲はここで変化するところがよい」など，曲や演奏のよさについて考えることができるようになります。

❷ 鑑賞の学習を通して気付いたことや感じ取ったことを共有する場面を設定する

　鑑賞の学習において，気付いたことや感じ取ったことを子供同士で共有しながら曲のよさを見いだすことは，対話的な学びの実現において必要なことです。本題材では聴き取ったことを図形や短い言葉で表す機会を設け，それを友達と共有します。友達と意見を交流することで，いろいろな聴き方があることを理解することができます。

　また，付箋を用いて短い言葉で表現することで，うまく文章に表せない児童も考えを表すことができます。また，鑑賞や音楽表現に必要な語彙を増やすことにもつながります。

4　題材の評価規準

知識・技能	思考・判断・表現	主体的に学習に取り組む態度
知 「ハンガリー舞曲第5番」の曲想及びその変化と，音楽の構造との関わりについて理解している。	思① 「ハンガリー舞曲第5番」の速度，旋律，変化を聴き取り，それらの働きが生み出すよさや面白さ，美しさを感じ取りながら，聴き取ったことと感じ取ったこととの関わりについて考えている。 思② 聴き取ったことと感じ取ったこととの関わりについて考えながら，曲や演奏のよさなどを見いだし，曲全体を味わって聴いている。	態 「ハンガリー舞曲第5番」の音楽の特徴に興味・関心をもち，音楽活動を楽しみながら主体的・協働的に鑑賞の学習活動に取り組もうとしている。

5 指導と評価の計画（全2時間）

次	○学習内容	指導上の留意事項	評価規準
第一次（第1時）	**ねらい**：聴き取ったことと感じ取ったこととの関わりについて考えながら，曲想及びその変化と，音楽の構造との関わりについて理解する。		
	○楽曲冒頭を聴き，雰囲気を捉える。 ○手合わせや指揮の動きで2拍子の拍を感じ取る。 ○①から④の4つ部分の組合せから成ることを知る（2❷）。 ○図形楽譜を書いたり，口ずさんだりして聴く。 ○タブレット機器を使用して，演奏の順序を考える。	・音楽に合わせて全員で体を動かす。 ・口ずさんだり教師が鍵盤楽器で弾いたりすることで，全員の理解を促す。 ・各旋律の楽譜を拡大して用意し，自分の書いた図形楽譜と比較できるようにする。 ・演奏の順序を考えることで，曲全体の構成を知ることができるようにする。	知　思①
第二次（第2時）	**ねらい**：曲想及びその変化と音楽の構造との関わりについての理解を深めるとともに，曲や演奏のよさなどを見いだし，曲全体を味わって聴く。		
	○場面ごとの特徴を聴き取り，グループで意見交換をする。 ①なめらかで音がのびたり細かくなったりする場面。 ②激しい感じで速度の変化が大きい場面。 ③細かくはねるリズムが特徴的な場面。 ④膨らみながらのびる旋律と，細かいリズムの旋律が交互に現れる場面。 ○グループごとに発表し，旋律の特徴を全体でまとめる。 ○これまでの学習を生かして曲や演奏のよさを見いだす。 ○学習を振り返る。	・タブレット機器を用いて各旋律を繰り返し聴き，特徴を話し合う。 ・支援が必要な児童については，適宜ヒントカードを配付し，話合いに参加できるようにする。 ・聴く観点を絞ることができるよう，ポイントを板書する。 ・意見を全員が理解できるように，言葉と音を結び付ける，発言の中から大切な言葉を取り出す，などしてまとめる。 ・自分が見いだした曲のよさを，音楽的な理由と関わらせて，個人のワークシートに書かせる。 ・学んだことを教師が価値付ける。	思②　態

126

6 本時の流れ（2／2時間）

○学習内容 ・学習活動	教師の主な発問と子供の状況例	評価規準と評価方法
ねらい：曲想及びその変化と音楽の構造との関わりについての理解を深めるとともに，曲や演奏のよさなどを見いだし，曲全体を味わって聴く。		
○前回の復習をする。 ・①から④の旋律を確認する。 ○場面ごとの曲の特徴を聴き取り，グループで意見交換をする。 ・4名の学習班で，タブレット機器を用いて繰り返し聴く。 ・感じたことを付箋に記入し，意見を交換する。 ・意見をグループでワークシートにまとめる。	「曲想の変化を意識して聴きましょう」 ・前時で聴いたことを思い起こさせる。 「聴く視点はどんなものがありますか」 ・速度，旋律，変化 「曲の速さや強さの変化に気を付けて聴きましょう」 ・支援が必要な児童にはヒントカードを配付し，全員が意見をもてるようにする。	
○グループごとに発表し，意見を全体で共有して，旋律の特徴を全体でまとめる。 ・代表者が発表する。 ・手合わせをしたり歌ったりして児童が感じ取ったものを確認する。	「自分のグループの意見と他のグループの人の意見を比べてみましょう」 ・児童から出た意見の部分をすぐに聴き，確かめられるようにする。 ・似ている意見は一緒に板書し，考えをまとめられるようにする。 〈予想される反応〉 　①はなめらか。音がのびたり細かくなったりを繰り返している。速さではなくリズムが変わっている（手合わせをして）。 　②は前半と後半で速さが違う。音が元気よく，一つ一つがはっきりしている。 　③は①に比べて大変速い。歯切れがよい。 　④は一番遅く雰囲気が他の部分と違う。クレシェンドがついている。	
○全体を通して聴き，これまでの学習を生かして曲や演奏のよさなどを見いだす。 ・曲のよさを紹介する文を書く。 ・紹介文を交流する。 ○学習を振り返る。 ・学んだことを個人ワークシートに書き，交流する。 ・最後に全体を通して聴く。	「曲や演奏のよさを紹介しましょう」 ・付箋やワークシートをヒントにさせる。 ・曲全体を見通すように促す。 ・2～3の紹介文を紹介し，よさを認め合う。 ・児童の発言（学んだこと）を教師が価値付ける。	思② ワークシート 発言 付箋 態 ワークシート 発言

鑑賞

5年

7 授業づくりのポイント

❶ 全員が活躍できる授業づくりを心がける

　鑑賞の授業では，書くことが得意な児童や，音楽に関する知識のある児童が活躍しがちですが，学びの場の設定を工夫することで，全員が活躍できる授業づくりができると考えます。

　本題材では，まず全体で曲の構成を理解した後，一つ一つの主旋律の特徴について，小グループで話し合う活動を行います。音源を基に話し合えるよう，グループに１台タブレット機器を用意します。小グループで活動することにより，一人一人が意見を言う機会を設けることができ，活躍の機会が広がります。この際，話合い活動の流れについて，全体で確認し板書するなど，適切に活動が行われるように配慮する必要があると考えます。

❷ 支援が必要な児童に対する手立てを考える

　ワークシートに記入したり話合い活動を行ったりする際，支援の必要な児童にはヒントカードを配付します。ヒントカードは名刺一枚分ほどの大きさにし，目立たないように配慮しています。このカードがあることによって，支援が必要な児童も言葉を見付けることができ，自分の考えを持つことができるようになります。このカードは鑑賞の学習だけでなく，歌唱や器楽，音楽づくりの学習にも取り入れています。ヒントカードを使用することで，児童に達成感を味わわせることができると考えます。ヒントカードを使用する際は，児童の実態を把握し，配付するタイミングや量も考慮するとよいでしょう。

---

②のヒント　言葉を選んでみよう

曲の感じ
　元気な感じ　元気のない感じ　はげしい感じ　せまってくる感じ　いそがしい感じ　のんびりした感じ
理由
　音がはっきりしているから　音が弱々しいから細かい音が多いから　のばす音が多いから
　♪速さの変化はどうだろうか，気を付けて聴いてみよう。

---

③のヒント　言葉を選んでみよう

曲の感じ…言葉を選んでみよう
　いそがしい感じ　のんびりした感じ

理由
　細かい音が多いから　のばす音が多いから
　速度が速いから　速度がおそいから

♪ヒント♪　細かいリズム　……　……
　　　　　　のばすリズム ⬤　⬤

---

❸ ICT を活用する

　ICT を活用することで，曲をよりていねいに聴き，学びを深めることができると考えます。今回は，①から④の旋律の部分をタブレット機器に分けて取り入れ，グループによる話合いの際に，児童がその部分を取り出して聴くことができるようにします。このことによって，自分

たちで,「ここの部分は急に速くなっていたと思う」「もう一回聴いて確かめよう」などと,主体的に学習を進めることができます。

❹ ワークシートを活用する

高学年の鑑賞の学習では,曲の雰囲気や表情,味わい及びその変化と音楽的な特徴との関わり合いを捉えることが求められます。

そこで,初めに指揮の動きの学習や図形楽譜の作成の中で曲の雰囲気を味わい,その雰囲気と言葉をつなげていけるようなワークシートの工夫をします。具体的には,

・図形楽譜を書き,その後,付箋に自分の意見とグループの人の意見をまとめる(資料1)

・最後に感じ取ったことを文章にして記入する(資料2)

というように,考えがまとまるようなワークシートを作成します。

また,「ワークシートに書く」ことだけに学習が集中しないよう,児童から出た意見は必ず曲を聴いて確認し,言葉と音楽とがつながる授業になることを心がけています。

```
①の特ちょう
  速い    速さが変わらない    ずっと速いまま

  途中でリズムが細かくなる

  堂々としている    強い    途中で少し弱くなるが,全体的には強い
  力強い    強い音楽    フォルテのまま
```

資料1　付箋による話合いの例　※同じような意見はまとめて貼ります。

	曲の特ちょう
①	力強い音楽でスピードが速い。速さが変わらない。なめらかなところと小きざみなところがある。
②	強いところと弱いところがあり,と中から速さが急におそくなる。
③	速さが速く,はねている感じがする。
④	始めはゆっくりで落ち着いた感じがする。クレシェンドがついている。後から急に速くなり,はねた感じがする。

資料2　付箋による話合いの後にまとめる,ワークシートの記入例

(土屋　美晴)

19

〔音楽のもと〕を手がかりにして作曲者や演奏者の思いを探ろう

| 学年・活動 | 第6学年・鑑賞 | 主な教材 | 交響曲第5番「運命」<ruby>第一楽章から<rt>こうきょう</rt></ruby> |

本題材で扱う学習指導要領の内容

2内容　B鑑賞　(1)鑑賞ア，イ　〔共通事項〕(1)ア

思考・判断のよりどころとなる主な音楽を形づくっている要素：リズム，速度，強弱，反復，音楽の縦と横との関係

1 題材の目標

○「運命」の曲想と音楽の構造との関わりについて理解する。

○「運命」のリズム，速度，強弱，反復，音楽の縦と横との関係を聴き取り，それらの働きが生み出すよさや面白さ，美しさを感じ取りながら，聴き取ったことと感じ取ったこととの関わりについて考え，曲や演奏のよさなど見いだし，曲全体を味わって聴く。

○曲の特徴や様々な演奏による音楽表現の違いなどに興味・関心をもち，音楽活動を楽しみながら主体的・協働的に鑑賞の学習活動に取り組み，交響曲に親しむ。

2 題材の特徴と学習指導要領との関連

❶ 本題材で扱う教材「交響曲第5番『運命』」の特徴

　交響曲第5番ハ短調作品67は一般に「運命」と呼ばれるベートーベンの作曲した5番目の交響曲です。第1楽章は「タタタタン」という有名なリズムに始まり，楽章全体がこの動機で構成されています。この動機を基にした主題を第1主題として，ソナタ形式による音楽が展開されています。第2主題は，第1主題とは対照的に穏やかな旋律ですが，動機のリズムが対旋律としてまとわりつくように演奏されています。また，冒頭部分の⌢等は，指揮者によって大きく扱いが異なっています。そのため，動機を聴き取る過程を大切にしながら，演奏を聴き比べることによって，児童が様々な表現の違いを感じ取ることのできる教材といえます。

❷ 「曲のよさを見いだす」学習の位置付け

　高学年では，これまでの学習で身に付けてきた資質・能力をさらにのばし，自分の感じたことを伝え合う等の活動を効果的に取り入れて，曲や演奏のよさなどを見いだしながら，音楽を全体にわたって味わって聴く喜びを感じ取れるように指導を工夫することが求められています。そのため，児童が「いろいろな種類の音楽を聴いてそのよさを伝えたい」と思えるようにすることが重要であり，意欲をもって主体的に取り組む活動を展開することが大切です。

3 主体的・対話的で深い学びの視点による題材構成のポイント

❶ 適切な場面で言語活動を設定する

鑑賞の学習では，課題を明確にし，問題解決的な学習活動を展開することが重要です。その過程で，どのような視点で鑑賞し，自らが想像したことや感じ取ったことをどのような場面で言語化していくかを適切に考えていく必要があります。音楽を形づくっている要素と関連付けながら，自分の感じ方や考えを言葉で表す活動を重ねていくことで，主体的な学びの実現につながるのです。

❷ 自分の考えを共有する場面を設定する

鑑賞の活動において，対話的な学びが展開されるためには，自分の気付いたことや感じ取ったことを共有する場面を設定することが必要です。様々な聴き方や考えに触れ，多様な意見を尊重する中で，新たな気付きの視点が与えられます。その際，グループでの対話によって，自分の考えを広げたり深めたりする場面をどこに設定するのかが重要になります。

また，作曲者のベートーベンや指揮者がなぜ，このような表現を考えたのかに向き合わせることも，広い意味の対話です。特に動機の部分の表現は，指揮者によって様々です。先哲との対話を深めることは，深い学びの実現にもつながります。

❸ 演奏を比較して鑑賞することで，曲や演奏のよさを見いだす

鑑賞における深い学びの実現には，作曲者や作曲された背景を知り，その知識を自己のイメージや感情と結び付け，音楽を形づくっている要素を聴き取ることにつなげていくことが大切です。本題材では，リズム，速度など思考・判断のよりどころとなる音楽を形づくっている要素を根拠に，いくつかの演奏を聴き比べることによって，指揮者による表現の違いを考える深い学びへとつなげることを目指します。

4 題材の評価規準

知識・技能	思考・判断・表現	主体的に学習に取り組む態度
知 「運命」の曲想及びその変化と，動機の組合せなど音楽の構造との関わりについて理解している。	思 異なる指揮者の演奏を特徴付ける，リズム，速度，強弱，反復，音楽の縦と横との関係を聴き取り，それらの働きが生み出すよさや面白さ，美しさを感じ取りながら，聴き取ったことと感じ取ったこととの関わりについて考え，自分のお勧めの演奏を言葉で表すなどして，曲や演奏のよさを見いだし，曲全体を味わって聴いている。	態 「運命」の音楽の特徴や指揮者による演奏の特徴に興味・関心をもち，音楽活動を楽しみながら主体的・協働的に鑑賞の学習に取り組もうとしている。

5 指導と評価の計画（全3時間）

次	○学習内容	指導上の留意事項	評価規準
	ねらい：動機を聴き取る活動を手がかりに曲に親しみ，曲の特徴について理解を深める。		
第一次（第1時）	○「運命」第一楽章より提示部に親しむ。 ○作曲者や曲の背景について知る。 ○21小節目までを「タタタタン」を数えながら鑑賞する。 ○三つの場面のモチーフを聴き取る。	・「運命」の提示部の冒頭部分を流す。 ・スライド資料を用いてモチーフの重なりを可視化し，モチーフの重なりによって曲が構成されていることを確認する。 ・提示部を三つの場面に分け，どの場面にも動機があることを確認する。	知
（第2時）	○ベートーベンが，音楽で表したかった悲しみを考える。	・モチーフの使われ方を基に，ベートーベンが表したかった「悲しみ」について考えさせる。動機は思いを表すものであることを伝え，ベートーベンの思いが，どういった〔音楽のもと〕（音楽を形づくっている要素）にあったのか確認するようにする。 ・曲のまとめとして交響曲第5番「運命」の第4楽章を鑑賞し，ベートーベンは4楽章で過酷な運命を克服したことを表現したかったということを伝える。	
第二次（第3時）	**ねらい**：指揮者の違いによる表現の違いを感じ取り，お勧めの演奏を見付けて味わって聴く。		
	○3人の指揮者のそれぞれの演奏表現の違いを聴き取る。 ○CDでジュリーニ，ベーム，カラヤンの演奏をそれぞれ2回ずつ聴く。（スコアの21小節目まで） ○「おすすめ」の演奏を決めて紹介文をワークシートに記入する。 ○「おすすめ」の指揮者を発表し合う。 ○「運命」の鑑賞の授業で学んだことを発表し合う。	・ジュリーニ，ベーム，カラヤンの順番で提示部まで聴き，4分の2拍子，8分休符，フェルマータを確認してから曲の冒頭を意識して聴くように伝える。 ・それぞれの指揮者による演奏の違いのよさがわかるように発表することを伝える。 ・ワークシートに記入した内容を確かめるようにして鑑賞するよう伝える。 ・学んだことを振り返り，学んだことの自覚を促すようにする。	思 態

6 本時の流れ（1／3時間）

○学習内容　・学習活動	教師の主な発問と子供の状況例	評価規準と評価方法
ねらい：動機を聴き取る活動を手がかりに曲に親しみ，曲の特徴について理解する。		
○交響曲第5番ハ短調作品67「運命」第一楽章より提示部に親しむ。 ・「運命」の提示部の冒頭部分を聴く。 ○作曲者や曲の背景について知る。	「"タタタタン"というリズムで始まる曲を知っていますか」 ・知ってる。「運命」って曲。 ・つくったのはベートーベンだよね。	
○交響曲第五番「運命」第一楽章のスコアの21小節目までを「タタタタン」を数えながら鑑賞する。	「この曲を通してこのリズムが300回以上使われているといわれています。みなさんも最初の21小節の中で何回使われているかを数えながら聴いてみましょう」	
○曲の構造についての気付きを深める。 ・モチーフの重なりを可視化したスライド資料によって，モチーフの重なりで曲が構成されていることを確認する。	「テレビの画面を見ながら，回数を確認してみましょう」 ・20秒くらいで13回も同じリズムがある。 ・重ねて使われているところもある。	
○動機（リズムや旋律の最小単位）について知る。	「このリズムがこれから曲を聴く中で重要な鍵となります。このリズムを動機と呼びます。動機とは思いをもった最小単位の音符や休符の特徴的な連なりのことです」	
○提示部の三つの場面を鑑賞する。「タタタタン」というリズムがあったかを記入し，発表する。 ・どの場面にも動機があることを確認する。	「動機が曲のはじめ，なか，おわりに含まれているかどうか聴いてみましょう」 ・すべての場面に動機があった。 ・2の場面にはなかったと思う。 「2の場面には一見動機がないように聞こえますが，低音部分にひっそりと動機が隠れていましたね。次回は，動機の使われ方を基にベートーベンの表したかった『悲しみ』に迫っていきましょう」	知 発言 ワークシート

鑑賞…6年

7 授業づくりのポイント

❶ 導入を工夫する

題材の導入では，児童の興味，関心を高めるとともに，受動的な鑑賞の授業にならないような手立てが必要です。本題材では，動機に着目して授業を進めていくために「タタタタン」というリズムが曲の冒頭にある曲を紹介したり，運命全体を通して動機の数を数えると300回以上あるという説を基に21小節目までの動機の数を数えたりしました。

自然な学習の流れの中で，曲の聴き方の視点や能動的に学習に参加できるきっかけを与えられるように，曲との出会い方を設定しましょう。

❷ 音楽の構成を可視化する視聴覚教材を活用する

音楽の構成を全体で理解し，共有するためには，視覚で確認できる教材を活用することが効果的です。

特に，本題材ではモチーフの重なりを正確に聴き取ることが難しいため，スライド資料を大型テレビに映し，演奏を聴きながら可視化して確認するようにしました（右図のように，実際の楽譜の上にモチーフ等を示して可視化）。

このような教材の準備によって，曲の構造を知識としてていねいにおさえるとともにスモールステップで学習を展開することが大切です。

モチーフ　　楽譜

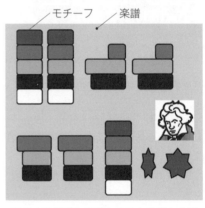

モチーフがずれて重なることを表した図

❸ 課題意識をもって聴く活動を設定する

学習課題を明確にもち，繰り返し曲を聴くことは，極めて重要です。そのため，本題材では提示部を三つの場面に分けて鑑賞し，動機を聴き取ることに視点を絞って繰り返し鑑賞しました。

課題意識をもって聴き深めていくことで，自分の聴いたことに根拠や自信が生まれます。また，曲のよさに迫る活動などにも円滑につなげていくことができます。

	タタタタンを発見しよう！！
1 はじめ	たくさんあった 少しあった なかった
2 なか	たくさんあった 少しあった なかった
3 おわり	たくさんあった 少しあった なかった

❹ 作曲者の思いを想像し，自分の考えをもつ

　学習指導要領解説には「曲の特徴を手掛かりとしながら全体がどのようになっているのかを見通して聴くとともに，児童が思考し判断しながら自分にとっての曲や演奏のよさなどを見いだすことが大切なこととなる。」とあります。

　そのため，提示部の動機を手がかりして，ベートーベンの表現したかった「悲しみ」とはどのようなものだったかを個々に考える活動を設定しました。

　曲の要素を聴き取るだけでなく，自分なりに考えをもつ場面を題材の中で一度は設定しましょう。

> **ベートーベンが伝えたかったのは どんな「悲しみ」だったのでしょうか？**
>
> せまられている感じの悲しみ
> つらかった時の悲しみ
> どん底に落ちて迷っている
>
> みんなが楽しんでいる時に
> 自分だけは悲しい感じ。
> 他の人から見ると悲しそうに見えて
> 裏では つらかった悲しみ
>
> 悲しすぎて、まひしてしまうほどの
> 悲しみ
> 悲しいけど、どうでもよくなって
> しまった。

❺ 様々な演奏を聴き比べる活動を取り入れる

　高学年の鑑賞では，音楽的な根拠に基づいて，演奏者による表現の違いに気付き，演奏のよさなどについて自分の考えをもつことが重要です。「運命」は指揮者により演奏表現が異なります。その演奏の違いのよさを聴き取ることも大切にしたいです。

> **1、自分のおススメの指揮者をみんなに紹介だ！！**
> ①私のおススメする指揮者は・・・
> 〔 小澤征爾 （ベーム） バーンスタイン 〕 です。
> ②おススメの理由は
> 〔音色・リズム・音の重なり・（速さ）（はやい・（おそい））・強弱（弱い・強い）・まただてた・パラピタ〕を
> 他は最初から音に はくりょくが すごくあるけど
> ベームは ゆっくり、やさしい音からはくりょくのある音 にしているからです。
> ③きっとこの指揮者は〔 音の流れ 〕を〔 ゆっくりに 〕することで、
> ベートーベンの運命の〔 奥深い 感情 〕 を表しているのだと思う。

❻ ワークシートを工夫する

　ワークシートは，学習を進めるよりどころとなるとともに，評価の際に重要な学習記録となります。作成に当たっては，教師が読み返したときに児童の思考の過程が分かる内容になるように留意しなければなりません。児童自身が学びの振り返りができるようにすることを大切にしながら，学校や児童の実態に合わせたワークシートを作成するようにしましょう。

> **2、お気に入りの指揮者を見つけるべし**
>
> | 指揮者 | お気に入り度 | | | 特徴 |
> |---|---|---|---|---|
> | カルロ・マリア・ジュリーニ指揮 | うーん | まずまず | いいね～ | 音の小さいところと大きいところとの差がある「ジャージャージャーン」という感じでつながっている。 |
> | レオポルト・ハーガー指揮 | うーん | まずまず | いいね～ | テンポが違い、全体的に音がやさしく弱々しエンも弱しい感じがする。 |
> | カルロス・クライバー指揮 | うーん | まずまず | いいね～ | テンポはツし速め「ジャーン」のところが長い 音は全体的に大きい |
> | ヘルベルト・ブロムシュテット指揮 | うーん | まずまず | いいね～ | テンポは遅い、「ジャーン」が長い 音はツしいさめに感じる |
> | ブルーノ・ワルター 指揮 | うーん | まずまず | いいね～ | 一番「ジャーン」が長い。初めと終わりを「ジャーン」で強調している |

（杉田　起子）

20 曲や演奏のよさを理解してきこう

学年・活動 第6学年・鑑賞　**主な教材** 「木星」

本題材で扱う学習指導要領の内容

2内容　B鑑賞　(1)鑑賞ア，イ　〔共通事項〕(1)ア
思考・判断のよりどころとなる主な音楽を形づくっている要素：旋律，変化，音楽の縦と横との関係

1 題材の目標

○「木星」の曲想及びその変化と，音楽の構造との関わりについて理解する。

○「木星」の旋律，変化，音楽の縦と横との関係などを聴き取り，それらの働きが生み出すよさや面白さ，美しさを感じ取りながら，聴き取ったことと感じ取ったこととの関わりについて考え，曲や演奏のよさなどを見いだし，曲全体を味わって聴く。

○「木星」の旋律の特徴などに興味・関心をもち，音楽活動を楽しみながら主体的・協働的に鑑賞の学習活動に取り組む。

2 題材の特徴と学習指導要領との関連

❶ 本題材で扱う教材「木星」の特徴

　教材曲「木星」（ホルスト作曲）は，全7曲からなる管弦楽組曲「惑星」の第4曲目として作曲されました。中間部の4分の3拍子の旋律は，「ジュピター」の愛称で親しまれています。

　曲の構成はA−B−A−Coda の三部形式からなっています。主旋律を手がかりとし，拍や速度の変化から，音楽の構造を捉えることができます。オーケストラの各楽器の音色の重なり方が，同じ旋律であっても前半と後半とで異なって表現されることから，どのような違いで聴こえてくるか，音楽の縦と横との関係を捉えることに適した教材と言えます。

❷ 「音楽を味わって聴く」学習の位置付け

　学習指導要領における「音楽を味わって聴く」活動は，第1学年及び第2学年から位置付けられています。第5学年及び第6学年では，「鑑賞についての知識を得たり生かしたりしながら，曲や演奏のよさなどを見いだし，曲全体を味わって聴くこと」が思考力，判断力，表現力等として示され，曲や演奏のよさを見いだせるよう指導を工夫することが求められています。

　そのためには，知識の習得に関する事項である，曲想及びその変化と音楽の構造との関わりについて理解する学習と関連付けながら，題材を展開していくことが重要です。

3 主体的・対話的で深い学びの視点による題材構成のポイント

❶ 児童のつぶやきを取り上げ，価値付けながら授業を展開する

児童が主体的に音楽活動に取り組むためには，音楽活動の中での児童の気付きを教師が積極的に取り上げ，価値付けていくことが大切です。鑑賞の活動では，曲を聴いた後，児童のつぶやきや反応に教師が耳を傾け，聴き取ったことや感じ取ったことを出し合い，常にそれぞれの関わりを考え，全体で共有しながら価値付け，学習を進めていくことが重要になります。曲を聴き，確かめることを繰り返していくことが，児童が主体的に学ぶ態度を育成していくことにつながります。

❷ 気付いたことや感じ取ったことを共有する場面を設定する

鑑賞の活動において，対話的な学びが展開されるためには，気付いたことや感じ取ったことを子供同士で共有する場面を設定することが必要です。言葉や音楽で伝え合うことができるようにし，音楽的な特徴について共有したり，客観的な理由をもとに交流し合ったりしながら学習を進めていくことが，対話的な学びの実現につながります。

❸ 音楽の意味や価値を考える

鑑賞の活動では，ともすると教師側からの一方的な学習展開で授業が進んでいってしまうこともあり得ます。音楽に出会う場面を大切にし，音楽を聴き，音楽の特徴などについて常に全体で確かめ，共有しながら音楽の意味や価値を考えていくことができるよう支援することが大切です。児童が曲や演奏のよさや面白さ，美しさを価値付けて考えることが，深い学びの実現につながります。

4 題材の評価規準

知識・技能	思考・判断・表現	主体的に学習に取り組む態度
知「木星」の曲想及びその変化と，音楽の構造との関わりについて理解している。	思「木星」の旋律，変化，音楽の縦と横との関係を聴き取り，それらの働きが生み出すよさや面白さ，美しさを感じ取りながら，聴き取ったことと感じ取ったこととの関わりについて考え，曲や演奏のよさなどを見いだし，曲全体を味わって聴いている。	態「木星」の旋律の特徴に興味・関心をもち，音楽活動を楽しみながら主体的・協働的に鑑賞の学習活動に取り組もうとしている。

5 指導と評価の計画（全2時間）

次	○学習内容	指導上の留意事項	評価規準
第一次（第1時）	**ねらい**：「木星」の曲想及びその変化と，音楽の構造との関わりについて理解し，曲や演奏のよさを見いだして聴く。		
	○「木星」を聴いて，曲の雰囲気を捉える。	・曲の進行に合わせ，始め，中，終わりを提示しながら全体で共有できるようにし，聴き取ったことと感じ取ったことを板書し，曲の雰囲気を捉えることができるようにする。	
	○四つの主旋律を楽譜で確かめながら聴く。	・覚えている旋律や中間部の旋律「ジュピター」を手がかりに，楽譜を提示し，あらかじめ記されている階名やラで歌いながら，主旋律を確認できるようにする。 ・分割した音源で確かめられるようにする。	
	○各旋律の現れ方を捉え，音楽の構造を理解して聴く。	・四つの主旋律がどのように現れるか，楽譜ごとの色と合わせたカードを貼り，視覚からも捉えられるようにする。	知
	○曲のよさや面白さをまとめる。	・板書も参考にするよう声をかけ，曲の構造を想起できるようにする。	
第二次（第2時）	**ねらい**：「木星」の旋律の動き，変化，始めの旋律の再現などの音楽の特徴についての理解を深めて，曲や演奏のよさなどをさらに見いだし，曲全体を味わって聴く。		
	○始めの旋律の再現部の現れ方を聴く。	・初めの三つの旋律が再現されたとき，聴き比べられるよう，分割した音源を聴かせる。	
	○主旋律ごとのオーケストラの響きの違いに着目して聴く。	・旋律ごとの響きが異なることを音源で比較できるようにする。	
	○音楽の構造を確かめながら全曲を聴くとともに，曲や演奏のよさについて自分の考えをもつ。	・前時に学習した音楽の構造を確認しながら，音楽の縦と横との関係を捉えて聴くことができるようにする。	
	○曲全体の特徴に触れながら，曲や演奏のよさをまとめ，伝え合う。	・グループごとに曲のよさを交流し合い，聴き方が深められるようにする。	思
	○聴き方を深め，味わって聴く。	・自分の捉えた聴き方，友達の聴き方から，さらに曲のよさなどを味わうことができるようにする。	態

6 本時の流れ（1／2時間）

○学習内容　・学習活動	教師の主な発問と子供の状況例	評価規準と評価方法
ねらい：「木星」の曲想及びその変化と，音楽の構造との関わりについて理解し，曲や演奏のよさを見いだして聴く。		
○「木星」を聴いて，曲の雰囲気を捉える。 ・聴き取ったことと感じ取ったことを出し合い，確かめ共有する。	「木星を聴いて，感じ取った雰囲気や，聴き取ったことを発表してください」 ・聴いたことがある。壮大な感じがする。かっこいい。宇宙のよう。同じ旋律が出てきた。拍子が変わっていた。速さが変わっていた。 「曲のどのようなところからそう感じましたか」	
○四つの主旋律を楽譜で確かめながら聴く。 ・覚えている旋律を口ずさむ。 ・掲示楽譜で確かめながら階名や「ラ」で歌う。	「どんな旋律が出てきたか，覚えているところを教えてください」 ・ラララ ラララ ラララ ラララ 「楽譜だとこの旋律ですね。ドレミで歌ってみましょう。聴きながら歌ってみましょう」	
○各旋律の現れ方を捉え，音楽の構造を理解して聴く。 ・各旋律がどのような順序で現れるか，掲示楽譜を参考に聴く。 ・音楽全体の構造を理解して聴く。	「一緒に歌った四つの主旋律は，どのような順番になっているでしょうか」 ・最初は○色，次は□色，その次は◇色，それから△色。○色も□色◇色も，また出てきている。 ・終わりの部分の△色は，これまでより短くなっていたみたい。	知 発言 観察 ワークシート
○曲のよさや面白さをまとめる。 ・各旋律のつながりと変化から捉えた曲のよさをワークシートにまとめる。 ・板書を手がかりに，すごいところ，面白いところ，好きなところを交流し合う。	「曲全体を色カードで示すと，このような構造になっていますね。今日学習したことから感じ取った木星のよさや面白さをワークシートに記録してください」 「黒板を見ながら思い出してみましょう」	

鑑賞 6年

7 授業づくりのポイント

❶ 聴き方を深める学び合いの場を設定する

　鑑賞の学習においては，個人の聴き方に留まることのないよう，子供同士の学び合いの場を設定することが必要です。そのためには聴き取ったこと，感じ取ったことを共有し，常に音楽を聴くことと結び付け，確認しながら学習を進めることが大切です。自分では気付かなかったことが他の児童の聴き方を知ることで新たに発見され，そのことが曲の特徴への理解を深めたり，曲や演奏のよさを見いだしたりすることにつながります。もう一度聴きたい，よりよく聴いてみようという積み重ねが，鑑賞の学習の質的な充実につながっていきます。

　本題材では最初に「木星」を聴いた後，聴き取ったこと，感じ取ったことを出し合います。児童と教師の一対一対応にならないよう，全体に「そうでしたか」と確認しながら，時には別の児童の発言を促しながら，どこから分かったか，どこからそう感じたか，聴き取ったことと感じ取ったこととが関わるようにしていきます。また，ワークシート記入後の交流も大切にしていきます。

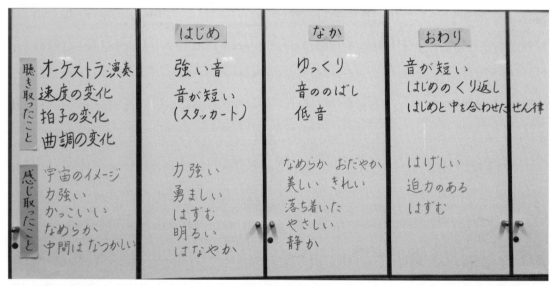

❷ 楽譜を活用する

　曲を聴いた後，音は消えてしまうため，音を想起する手がかりとなるよう，楽譜の活用が有効です。鑑賞教材では，主旋律の一部や図形楽譜が教科書に掲載されていることも多く，児童が後から教科書を見たときに振り返ることができるよう，可能であれば同じものを拡大し活用します。その際，音の動きに合わせ楽譜の流れを指し示しながら，一緒に「ラ」や，ドレミで口ずさんでみることが大切です。楽器の演奏が好きな児童が多いことから，主旋律を楽器で演奏して楽しむことにつながるよう，ここでは固定ド唱法で口ずさむようにしました。楽譜にドレミを記すと，より歌いやすくなります。

楽譜が三種類以上ある場合，各楽譜の違いを区別できるよう，主旋律の楽譜ごとに色付けしておくと，児童にとって身近なものとなり効果的です。本題材では，音楽の構造を捉えるに当たり，主旋律の譜例の色と合わせ，色カードを使い聴き進めていくと，楽譜と旋律の現れる順とがつながりやすくなります。

❸ 分割した音源を活用する

時間の長い曲を聴く場合，旋律のまとまりごとに取り出して聴いて確認できるよう，分割した音源を用意することが有効です。本教材は全曲通して聴くと７分ほどとなり，あらかじめ主旋律ごとの分割した音源を準備しておくと，児童の発言後すぐに全体で確認でき，何度も容易に聴くことができます。

本題材では，主旋律の始まり，そして次の主旋律に移る部分を聴くことができるようにしておくと，繰り返し聴きながら曲の構成が捉えやすくなります。具体的には四種類の主旋律の始まりから最後まで，再現部，そして終わりの部分の少し前からの音源が用意できると，集中力が途切れず，間を開けることなく学習を進めることができます。常に聴きながら確認したり比較したりできることから，曲に親しみをもって聴き深めていくことができます。

❹ ワークシートを活用し交流する

学習のまとめとして，ワークシートを活用します。本時では各旋律のつながりと変化から曲の構造を捉える学習をしたため，そのことから曲のよさや面白さ，美しさについて書くよう必ず伝えます。焦点を絞って書くことは，その後の子供同士の交流にもつながります。

記入時には，児童が学習内容を振り返ることができるよう，板書も参考にするよう声かけします。聴きながら記したいようであれば，曲が終わるまでの間にまとめるよう，書き終えたら聴き味わうよう促します。記入後，数人ずつ曲のよさや面白さを伝え合い，交流します。子供同士の交流は共感や新たな気付きを生み，次時への学習意欲を生み出します。可能ならば，最後にもう一度聴き，自分の聴き方や感じ方を広げるようにしていきます。

（梶　淳子）

【執筆者一覧】

今村　行道	横浜市教育委員会首席指導主事
津田　正之	国立音楽大学教授
齋藤　文惠	千葉市立幕張小学校
太田　理絵	横浜市教育委員会指導主事
原山　史子	横浜市立三ツ境小学校
上石　千鶴	横浜市立桜岡小学校
田村菜穂子	浦安市立北部小学校
三好麻里子	福井市明新小学校
梅田　佳美	横浜市立四季の森小学校副校長
村野佐千亜	横浜市立鉄小学校
西村美紀子	印西市立小倉台小学校
今井　清美	大網白里市立大網東小学校教頭
水野　　達	千葉市立新宿小学校
山本　　陽	千葉市立北貝塚小学校
佐藤まり子	船橋市立夏見台小学校
土屋　美晴	浦安市立舞浜小学校
杉田　起子	さいたま市立栄小学校
梶　　淳子	横浜市立上郷小学校

【編著者紹介】
今村　行道（いまむら　こうどう）
横浜市立小学校教諭，横浜国立大学附属横浜小学校主幹教諭等を経て現在，横浜市教育委員会南部学校教育事務所首席指導主事。学習指導要領の改善に係る検討に必要な専門的作業協力者，評価規準，評価方法等の工夫改善に関する調査研究協力者。作曲を専門とし，作品に横浜市立茅ヶ崎台小学校校歌「ひかり輝く」等がある。

津田　正之（つだ　まさゆき）
北海道公立小学校教諭，琉球大学准教授，文部科学省教科調査官等を経て現在，国立音楽大学教授。博士（音楽）。小学校学習指導要領解説音楽編の編集に当たる。戦後の音楽教育史，米国統治下の沖縄の音楽教育史を専門とする。編著に『学びがグーンと充実する！小学校音楽　授業プラン＆ワークシート（低・中・高学年）』（明治図書），『「我が国の音楽」の魅力を実感できるワクワク音楽の授業―実践動画試聴ＱＲコード付』（学事出版）などがある。

新学習指導要領対応
小学校音楽イチ押し授業モデル　高学年

| 2020年11月初版第1刷刊 | ©編著者 | 今　村　行　道 |
| 2021年11月初版第2刷刊 | | 津　田　正　之 |

発行者　藤　原　光　政
発行所　明治図書出版株式会社
　　　　http://www.meijitosho.co.jp
（企画）木村　悠（校正）奥野仁美
〒114-0023　東京都北区滝野川7-46-1
振替00160-5-151318　電話03(5907)6703
ご注文窓口　電話03(5907)6668

＊検印省略
組版所　広　研　印　刷　株　式　会　社

Printed in Japan　　　　　ISBN978-4-18-351313-7
もれなくクーポンがもらえる！読者アンケートはこちらから